JN076573

波動製品で宇宙意識とつながると、光が曲がるなどの現象が起こる。（p.68）

波動の影響を受けた塩の結晶は、内部がピラミッド構造になり、青い光を当てると金色に光る。（p.54）

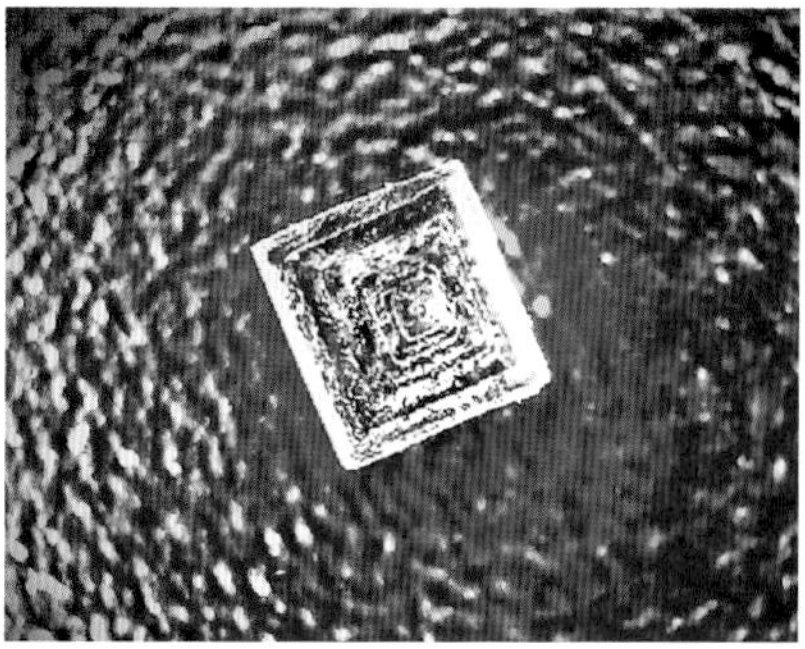

〈波動製品使用前〉

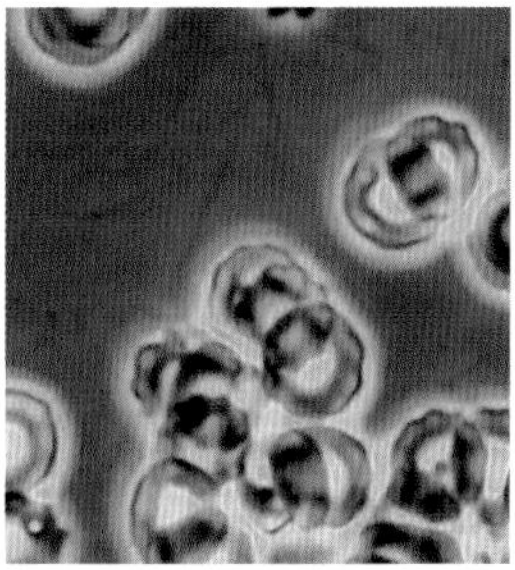

〈使用後〉

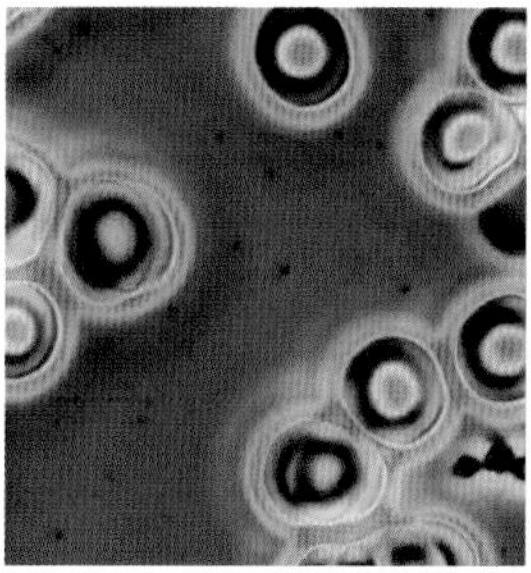

疲労時に波動製品を使うと、歪んでいた赤血球の形が丸くなり、ソマチッド（小さな黒い点）が増殖する。（p.76）

ELUCIDATING THE REALITY OF VIBRATIONS

解明される
波動の真実

HIROSE MANABU
広瀬 学

はじめに

「波動」や「スピリチュアル」と聞いてどんなイメージを持ちますか？　「うさんくさい」「あやしい」「よくわからない」などと思うのが普通かもしれません。

しかし、世の中には現代科学では解明できないような不思議な現象がたびたび起こっています。最近のニュースをよく読むと、オカルトと思われていた波動を、アカデミックな研究機関が本格的に研究し始めています。ただ、波動はオカルトというイメージが強すぎるがゆえに誤解され、正しく伝わっていません。私は波動というものが、単なる趣味の世界で終わってはいけないと考えています。本書では、マスコミが伝えていない、**既に人の役に立っている波動の真実**をみなさんにお伝えしていきます。

私は、スピリチュアル製品を通信販売する会社を経営しています。さまざまな商品を取り扱うにあたり、それらの開発者や波動研究家と知り合ううちに、ほかでは聞けないような情報をたくさん知ることができました。本書で紹介するのは、私が直接見聞きした波動研究の最前線と、世の中の多くの人が知らない隠された真実です。波動の技術は、スピリチュアル製品だけではなく、既にさまざまな形で社会の中で利用され、人々の役に立っています。

スピリチュアル製品の中でも、波動製品は、その製品の中に波動があることが前提となっています。しかし、波動は目に見えないため、それを現代科学で証明する手立てはほとんどありません。だから、肯定派は、「なんとなく感じる」「そんな気がする」と本人が納得するしかありませんでした。また、否定派は、「そんなものプラシーボに決まっている。科学的データを出せ」というのがお決まりでした。

しかし、波動の証拠となる科学的データは、まったくないわけではないのです。**原理は不明なのに、その効果が科学的なデータとして残ることがあります。**確かな効果があるのならそれを取り入れようという企業は実はかなり多く、世の中に出回っている製品や施設には、波動の技術を取り入れたものが大量にあります。波動を信じない人たちが何も知らずに使っているものにも、波動技術が使われているかもしれないのです。本書は、波動が確かに存在するということをある程度証明できると思います。

ただし、波動現象の原理は現代科学では説明できません。波動の研究家たちは、それぞれ独自の理論で波動現象を解明しようと研究を重ねています。私が**「未踏科学」**と呼んでいるこの研究領域は、今後も発展を続けていくと思います。

波動は、目に見えない世界を扱う「スピリチュアル」を理論づける方法の一つです。スピリチュアルはよりよく生きようという考えが大元にあります。ですので、実はその原理を理解することは必須ではありません。本書では、現在は波動と必ずしも結びついていないスピリチュアルな現象も紹介します。未踏科学の発展の先に、これらの現象が説明できる日が来るかもしれません。しかし、説明できるかできないかにかかわらず、**スピリチュアルな世界を受け入れることで、人生の問題に対処しやすくなる**という事実は大切です。

二〇四五年にＡＩ（人工知能）が人間を超える「シンギュラリティ」がやってくるといわれています。ＡＩが発達すればするほど、人間の内面と深く関わるスピリチュアルは注目されるようになるでしょう。ただ、スピリチュアルを信じていない科学者が作ったＡＩには、スピリチュアルな世界を理解できる可能性は低いと思います。

本書によって波動技術がもっと広く知られるようになり、スピリチュアルな考え方が受け入れられるようになれば幸いです。

解明される 波動の真実●目次

第2章

データに現れた波動の証拠

第3章

波動からスピリチュアルへ

ブックデザイン　本澤博子
カバーイラスト　iStock.com/enjoynz
本文図版・イラスト　桜井勝志

序　章

オーディオ店長、波動に出合う

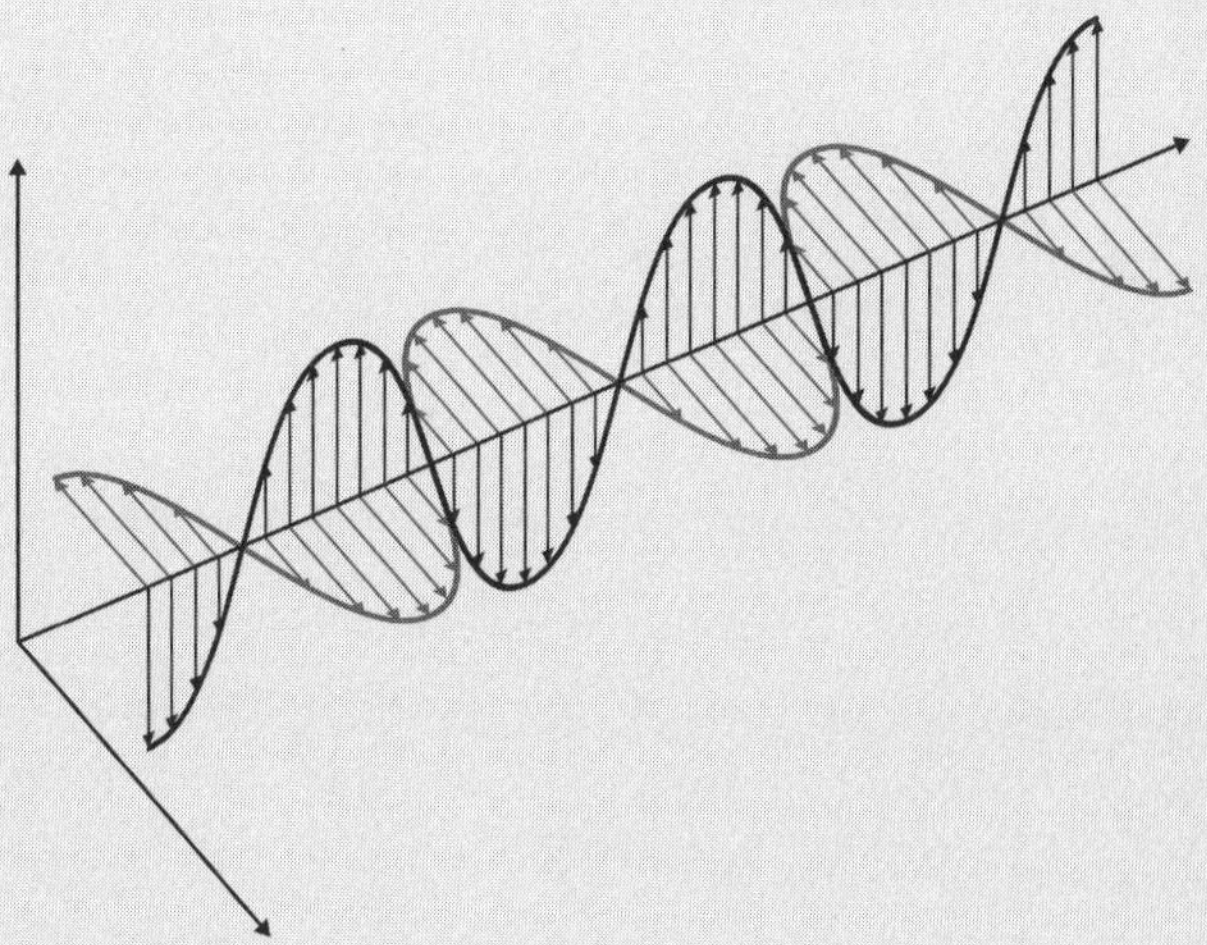

最高の音を求めた先に

二〇〇一年、私はコスモヴィレッジという小さな会社で働くようになりました。二カ月に一回、全国の書店で発売される『Ａ＆Ｖヴィレッジ』というオーディオ雑誌を出版していた出版社です。

現代の若者には信じられないかもしれませんが、一九八〇年代から一九九〇年代には「オーディオ」という趣味の世界がありました。現在でも細々と続いています。ＣＤプレーヤー、ＤＡコンバーター（デジタル信号をアナログ信号に変換する機械）、アンプ、スピーカー、ケーブル、インシュレーター（振動の影響を抑えるアクセサリー）などの高級なオーディオ装置や部品を使用して、最高の音を目指す趣味です。非常にマニアックな世界であり、オーディオマニアたちは、例えば一〇万円もする電源ケーブルに交換することで、最高の音を追求するのです。

しかし「最高の音」といっても、かなり主観的な話です。なぜならば、音の違いを測定しても数値に差が出ません。しかし、「わかる人にはわかる」。それがいつも論争

『A＆Vヴィレッジ』表紙（コスモヴィレッジ社。2006年休刊）

となっていました。**オーディオの音の違いというのはオカルトそのものでした。**

そんな中、『A&Vヴィレッジ』では、オーディオ以上にオカルトであるスピリチュアル・波動製品も取り扱うようになったのです。**なぜスピリチュアル・波動製品を取り扱うようになったのか？ それは、音に影響を与えることがわかったからです。**

私は確実に音が良くなると思っています。ケーブルで音が変わるということをオカルト現象だと主張している人たちからは、波動製品で音が変わるというのは、オカルトの中のオカルトだと思われていました。

しかし、『A&Vヴィレッジ』は、スピリチュアル・波動製品の記事を掲載することによってファンからの熱狂的な支持を得ることができたのです。私は、巻末の「ベストチョイス　ローカルメールオーダー」という、オーディオ製品、スピリチュアル・波動製品、健康食品を扱う通販ページの原稿作成、編集を担当していました。そこで、「通販で扱っている商品を実際に見て触れることができるアンテナショップを作ったらよいのではないか」という提案をしました。

そして、二〇〇二年にエンゼルポケット秋葉原というお店をオープンさせることができました。私は当時通っていた池袋の事務所から秋葉原の店舗に異動することになり、ほぼ同時に有限会社ローカルメールオーダーという会社を作りました。資本の関係はありませんでしたが、事実上、私はその会社の最高責任者となりました。雇われ社長のようなものです。

その後、たくさんの製品を扱うようになり、波動家（波動を操る人）、気功家、スピリチュアルの専門家と呼ばれる人たちとの不思議な出会いをたくさんしました。**当初の目的は、音が良くなる波動製品を求めることでしたが、次第に人が健康になる波動製品も求めるようになったのです。**

その途中、私にとっての大事件が発生しました。二〇〇六年に『A&Vヴィレッジ』が休刊してしまったのです。残ったものは、店舗とインターネット通販だけです。それを聞いたとき、私はプレッシャーを感じて頭に十円玉と同じくらいの大きさのハゲができてしまいました。しかし、「熱心なお客様はきっと今後も購入し続けてくれるに違いない」と思い、一生懸命に経営をしてきました。雑誌が出せない分、お客様には情報公開の場としてブログを毎日更新し、発信しました。

その後、約十年間、店舗を運営してきましたが、これからはインターネット通販の時代だという考えを踏まえて、オプティマルライフ株式会社を新たに作り、ローカルメールオーダー時代の製品を受け継ぎながらインターネット通販専門となりました。

そして現在に至ります。

二〇〇五年からブログなどでオーディオ製品やスピリチュアル・波動製品、健康食品などを紹介する文章を書いてきました。その文章には波動家、気功家、スピリチュアルの専門家との不思議な出会いを題材にしたものがたくさんあります。

この本を執筆した動機は、その内容をもっと多くの方々にご紹介したいと思ったからです。特に知ってもらいたい題材は、私が**「未踏科学」**と勝手に呼んでいるジャンルです。波動など、**現代科学では原理を説明できないものの、効果や結果は現代科学**

で測定できるという、オカルトな現象を扱うジャンルです。実は波動が人知れず人々の生活に役立っているという事実を知っていただきたいと考えています。

ただ、私は波動家、気功家、スピリチュアルの専門家ではありません。彼らと多くの関わりを持った、自称・不思議議ジャーナリストです。

共鳴という現象

スピリチュアル・波動製品は、私たちの体と共鳴して初めて効果を発揮します。マニアは道具をこよなく愛します。オーディオマニアと呼ばれる人たちも、なけなしのお金をはたいて購入した道具をとても大切にします。その意識が道具たちと共鳴するのです。オーディオ機器を愛するからこそ、オーディオ機器とオーディオマニアの体が共鳴して良い音に聞こえるのでしょう。道具を道具としか思わない意識では到底共鳴現象は起きません。

現役時代のイチロー選手は道具をとても大事にしていたそうです。一度だけ、三振したときにバットをグラウンドに叩きつけたことがあり、その後、ものすごく後悔して、バットを作ってくださっている職人さんにお詫びをしたという逸話を聞いたことがあります。だからイチロー選手は道具と共鳴できると私は考えています。バットにも意識があります。あの大記録は技術だけではなく、道具と深い共鳴関係にあるイチロー選手だから成しえたことだと思うのです。バットはイチロー選手にとって体の一部です。

真実を明らかにするために

私が「未踏科学」というものを追いかけ続けている理由は、波動の世界を信じる方々に自尊心（プライド）を持ってほしいからです。それは、私が今まで相談を受けてきたお客様の多くが「スピリチュアル製品は好きだけど、同じ思いの人が少ない」「相談しても相手にされない」と悩んでいるという経験から来ています。「たとえ親、兄弟、友達、同僚でも、恥ずかしくて相談できない。だから波動製品は、こっそり注文するしかない」「製品の名前を発送伝票に記入しないでください。家族にバレると困るんです」「宅配業者の営業所止めで発送してください。中身を見られたくないんです」ということが何度もありました。

オーディオ製品も極端に愛好家が少ない世界なので、同じような悩みを抱えている人がたくさんいました。つまり、科学的な根拠もなく、愛好家が少ない趣味は、人々からバカにされる傾向があるということです。

ところが、二〇〇七年にたまたま波動家のS氏と再会し、波動の技術で大企業と取引をして、波動ビジネスが安定して続いていることを目の当たりにしました。このとき、波動の技術が世の中の役に立っているという確信を得たのです。**科学的なデータがそろってくれれば、波動や未踏科学の地位も向上していくはずです。**私が本を書く理由もここにあります。波動の技術は、世の中に役に立っています。その真実をもっと世の中の人に知っていただきたいのです。

第1章

波動とは何か

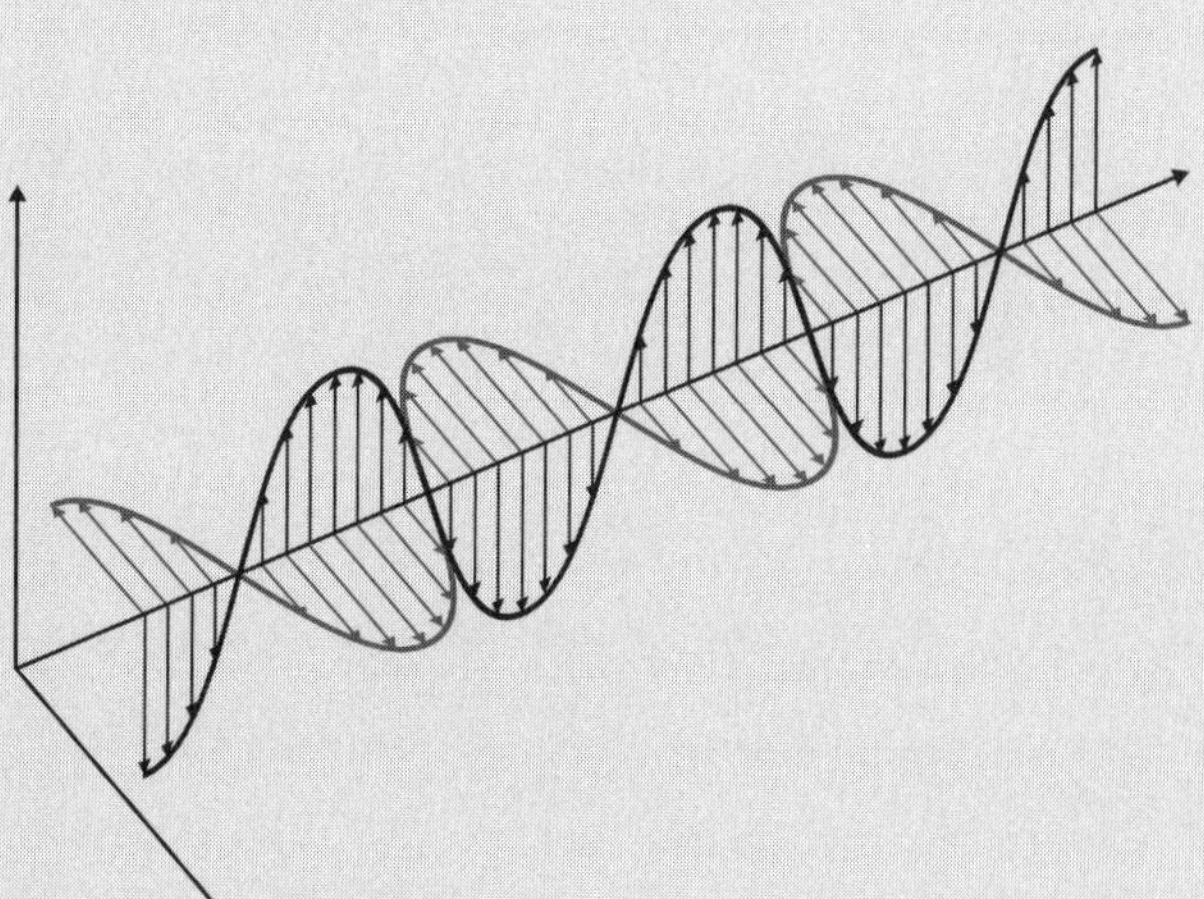

「波動」の定義

スピリチュアルの世界では必ずといっていいほど出てくるのが「波動」です。そもそも波動とは何なのでしょうか？『大辞泉』には「①波のうねるような動き。②空間の一部に生じた状態の変化が、次々に周囲に伝わっていく現象。水の波・音波などの弾性波や、光・X線などの電磁波などにみられる」とあります。①は一般的な本来の意味でしょう。②は現代科学で扱われている定義です。つまり、「波動」という言葉は、狭い意味ではれっきとした科学用語です。スピリチュアルな文脈では、波のイメージの連想から、もっと広い意味で使われています。

スピリチュアルの世界における「波動」とは、**「現代科学では測定できない、あらゆるものが持つ固有の振動、あるいは波のようなエネルギー」**を指します。いわゆる第六感や超常現象など、現代科学では説明のつかない物事の背後にある何らかの力を「波動」と呼んでいるともいえます。本書でも特に断りのない限り、この意味で使っています。

生き方のヒントの観点から

詳しくは第３章で述べますが、「スピリチュアル」とは、**よりよく生きるために「目に見えない世界」を信じること**です。どちらかというと、科学的なデータはさほど重視されません。まずは、生き方のヒントとしての波動を考えてみましょう。

人間同士の相性とは不思議なもので、初対面にもかかわらずなぜか意気投合できる人もいれば、多くの時間を共に過ごしたにもかかわらず相容れない人もいるものです。自分と相性の良い人のことを、「この人とは波長が合う」などと表現することがあります。誰もが自然と使うこの言い回しですが、実はスピリチュアルの観点から見ても説得力があるといえます。

スピリチュアルの考え方では、この世界にあるものは、それぞれが「波動」を持っています。人間はもちろん、動物や植物も波動を持っています。さらには生き物だけでなく、まったく動かないように見える机の上のコップや、目には見えない感情や意識も含めて、すべてのものが波動を持っているのです。

持っている波動が近いもの同士は、相性が良くなります。波動の相性が良いもの同士が結びつくと、そこに良好な関係が育まれ、お互いに利益がもたらされます。その反対に、お互いにかけ離れた波動を持つもの同士は、相性が悪いということです。相性の悪い波動の影響によって、体調が悪くなったり、気分が悪くなったりします。つまり、自分の身の回りに波動の合うものを多く集めるほど、幸せを引き寄せることができるといえるでしょう。

社会生活を送っていると、どうしても相性の悪いもの同士で関わらなければならないこともあります。しかし、そこで相性の悪い人間からの評価を期待してしまうのは、お互いにとって幸せではありません。そのようなとき、スピリチュアルの世界では、心をクリアにして、振り回されないように自分の波動を高めるとよいといわれます。**波動は日々のトレーニングによって高めていくことができ、それには瞑想、浄化、ヒーリングが効果的**とされています。ただし、トレーニングの成果はすぐに実感できないので、毎日コツコツと取り組みを継続することが必要といわれます。スピリチュアル・波動製品はその効果が出やすいように手助けしてくれるアイテムなのです。

未踏科学の観点から

次に、スピリチュアルな波動を「科学的に解明しよう」あるいは「技術的に利用しよう」という観点から考えてみましょう。これが私が追究している「未踏科学」の領域です。

波動は気がつかないうちに私たち自身や周りの生物や物体に大きな影響を与えています。波動は直接的には測定できませんが、特定の場合に、間接的に科学的な測定結果が出ることがあります。世の中には波動を自在に使いこなせる人々が存在しており、彼らが波動を操ると、現代科学では理解できない現象が起こります。**その原理は解明できなくても、その効果は実用的に利用できます。** 実は、私たちが何も知らずに使っている製品には、波動の技術を利用したものが数多くあるのです。

ここで気をつけなければいけないのは、スピリチュアルな意味での波動という言葉は、マスコミなどでは公に使用されていないということです。だから、裏の世界のテクノロジーだと思ってください。

同時に、波動の原理はいまだ解明に向けた努力が重ねられている段階であり、波動家や波動研究家の間でも統一的な見解はまだ存在していないことにも注意してください。波動家たちはそれぞれの波動技術と理論を持っていますが、それらは互いに多少食い違うところもあります。本書では便宜上、基本的に、波動、波動エネルギー、エネルギー、波動情報などと呼ばれているものをすべて「波動」、波動を操る技術を「波動技術」、物体に波動技術を使うことを「波動処理」、波動技術を使った製品を「波動〇〇」と表記しています。紹介する製品の中には私の会社で扱っているものもありますが、固有名詞はすべて避け、「〇〇」の部分に一般名詞を入れて表記しました。

このように、波動は目に見えないうえに誰もが納得のいく言葉で説明できません。ゆえに波動という言葉を聞くだけで拒否反応を示す人が少なくないのでしょう。

しかし、波動を与えることにより、科学的な測定結果でその存在を示す場合があるのは本当です。本書ではそのような例を公表していきます。このような本は世の中にほとんど存在しないと思います。

隠されている波動の技術

テレビでCMを流しているある有名大手企業が販売しているスポーツ用品には、波動入りの製品があります。このスポーツ用品は百貨店などでも販売されている一般向けのものですが、「波動入り」などとはどこにも書かれていません。いってみれば何食わぬ顔で、ほかの製品と一緒に並んでいるのです。

波動入りの製品とそうでない製品は、見た目、性能、価格がほぼ同じで、同じように売られていますが、なぜか**波動入りの製品の方が多く売れてしまう**のだそうです。なぜそのようなことが起こるのでしょうか？　見た瞬間に癒されるのか、触れた瞬間に波動のぬくもりを感じるのか――第六感を感じ取るメーターが人間には備わっているからだと思います。

しかし、一般的には、波動という言葉に良いイメージはありません。「波動入り」と表示されていないという事実が、波動というものが世間になじまない言葉だということを如実に表しています。「この製品は波動入りです」と書いてあったら、逆にお客様に気味が悪いと思われて売れないかもしれません。

波動入りの製品の方が売れるという事実が波動技術に効果があることを証明しているのですが、**「波動入り」の表示がないために波動技術の存在は隠されたまま**なのです。

波動入りのスポーツ用品とは、波動入りの繊維を使っているスポーツ用品です。この波動入りの繊維を製造している企業は、五十年の歴史を持ち、衰退している日本の繊維産業の中で、製品技術と波動の力で売上を伸ばしています。その社長の中村さんは私の会社に飛び込み営業に来てくださったのですが、その理由は波動レベルが高そうな会社だと直感したからなのだそうです。なお、私がブログで中村さんのことを書くときは、「波動プロデューサーX氏」と呼んでいます。

今では弊社で中村さんの会社の製品を大々的に扱っています。弊社の通販サイトでは、その製品について堂々と「波動入り」と謳《うた》っていますが、中村さんの会社は大手企業と付き合っている手前もあり、自社のサイトでは波動を使用していることは一切公表していません。楽天やＡｍａｚｏｎなどで売る場合も、波動には触れていません。波動という言葉は、それだけ企業イメージを悪くしてしまう言葉なのでしょう。

真実は裏側にあるのです。ですが、中村さんは、商品を卸しているスポーツ用品の企業の担当者には波動入りということをはっきりと伝えているそうです。でないと売上の違いを説明できません。

また、中村さんは別の企業にも波動入りのオリジナル商品を卸していて、その企業からもたびたび追加注文が入り、累計で二〇万個以上は売れているといいます。

その波動は、中村さんが自らの手で特別な方法を使って商品に入れ込んでいるのだそうです。

波動は世の中のあらゆるものから生じていますが、波動そのものは一日くらいたつと消えてしまうそうです。つまり**良い波動の力を利用するには、波動がしっかり入っていて抜けないものを使うことが重要**なのです。中村さんのような特別な方が水などに波動を入れると、波動が長い間そのまま残っていて、十年前の水なのにまったく腐っても濁ってもいない、という現象も起きます。

中村さんの会社では、健康器具も製造しています。一般には公開していませんが、こちらも波動入りです。中村さんはこの健康器具の質についての客観的データを取るべく、青森県の公立大学に検証を依頼しました。検証の際に波動入りであることは触れずに、特別な加工をしているとだけ説明したそうです。波動処理した健康器具と波動処理していない同じ健康器具を比較した結果、波動入りの方がそうでないものに比べて、「鎮痛に対して有用である」「交感神経の緊張を抑えている可能性がある」ことを示すデータが出たのです。

このように、波動そのものは目に見えないものですが、**波動を入れた製品の売上や質にその存在を示す数値がはっきりと現れる**のです。

有名高級イヤホンに使われた波動技術

波動の技術が使われている製品の例をもう一つご紹介しましょう。実は波動と音は密接な関係があります。音は空気の振動なので現代科学においても「波動」ですが、あらゆるものが発しているというスピリチュアルな意味での「波動」も、音の聞こえ方に大きな影響を与えています。

おそらく世の中でほんの数人しか知らない真実なのですが、**世間で数万個売れているあるイヤホンには波動入りのハンダが使われています。**どのメーカーのどの型番と

波動入りのハンダが使われている有名高級イヤホン

公表することは難しいのですが、オーディオメーカーとして有名で伝統のある会社の市販イヤホンです。とても有名な製品ですから、ユーザーが上の写真を見たらピンとくるかもしれません。

ハンダとは、一般的に電子工作に利用される鉛とスズを主成分とした合金です。オーディオアクセサリーでは、ＲＣＡプラグと電線の接触部分や、電子部品などをプリント基板に固定するために使われています。このイヤホンに使われたハンダは、スズ、銅、ニッケル、ゲルマニウム合金など音を良く伝達する素材合金に、音質を高める「イマジナリー波動情報（森林浴波動＋免疫力波動）」を転写したものです。聞きなれない言葉が出てきましたが、後ほど説明します。波動転写をしたハンダは、おそらく世界初だと思います。

なぜ、イヤホンの製作者がこのハンダを採用したのか？　おそらく、**波動が音質を高めている**ことに気がついたからだと思います。しかし、ハンダは所詮素材の一部ですから、「波動入りの素材を使っている」と公表することはしません。だから、使っているユーザーはもとより、誰も知らない秘密の情報なのです。

開発したのは、『A＆Vヴィレッジ』でオーディオライターをしていたK・O・サウンドラボの太田一穂先生。二十年以上、波動と音の関係を追究している方です。

太田先生は、一九九〇年代、「波動転写器」という音質改善装置を開発しました。波動転写器の上にCDを載せると音が良くなるというものです。私は何度も実験しましたが、確かに音が良くなっています。

しかし、この現象に関して、オーディオ機器の技術開発をしているエンジニアは、真っ向から異を唱えました。なぜなら、CDに記録されている情報はデジタル信号だからです。

一九八〇年代までオーディオ装置の主流であったアナログレコードやカセットテー

プは、音という振動を直接記録したメディアです。レコードの針が直接レコードに触れ、針で読み取った振幅の情報を、電気信号に変えて増幅するというものです。つまり、レコードからスピーカーまで一つの振動情報がつながっているわけです。

しかし、ＣＤの中に記録されているものは０と１のデジタル信号です。ＣＤプレーヤーは、デジタル信号をレーザーで読み取り、ＤＡコンバーターというチップでアナログ信号に変換して音を再生しています。読み取りのレーザーは針ではないので接触していません。

だから、デジタル信号に波動を転写して音が良くなるというのは、技術者からすれば、オカルトとしか言いようがないのでしょう。

しかし、確かに音は変化するのです。しかも、音だけではなく、波動転写器の上にお茶やジュースを数十秒載せると味までも変化します。

波動の理論の一例

先ほど述べたように、波動の理論は波動家や研究者によって少しずつ違います。ここでは、波動入りハンダや波動転写器を開発した太田先生の理論を一例としてご紹介します。次の理論の成果が波動転写器といえます。また、ここに出てくる「イマジナリー波動情報」は、本書のほかの箇所で単に「波動」と表記しているものと考えてよいと思います。

太田先生の量子力学の研究によると、**あらゆる物質は測定できる波動情報と測定できない波動情報を持っています。**前者は一般的な科学用語の「波動」に相当し、現代科学で説明できます。後者は直接的に測定できませんが、明らかに存在し、物体や人体がこれを受けると変化が起こり、目に見える形として捉えられます。「気」や「超能力」と呼ばれる現象はその表れと考えられ、オーディオの音質にも大きく影響していると考えられています。このような波動情報は**「イマジナリー波動情報」**と呼ばれ、通常の波動と同様に周波数で表すことができます。イマジナリー波動情報は、金、トルマリン、炭、樹液、薬草、アガリクス、朝鮮人参などから特に強く発せられ、宇宙から来るものもあります。

「波動転写」とは、ある物体が持つイマジナリー波動情報を、電気や磁気の力を使って別の物体に転写することです。イマジナリー波動情報を転写された物体は、性質や働きが転写元の物体に似るように変質します。

波動転写の考え方は一九二〇年頃、スタンフォード大学の医学部教授アルバート・エイブラムスにより確立されました。一九八九年、解剖学を学びヨーロッパで研鑽を積んだ天才的イマジナリー波動情報研究者ロナルド・J・ウェインストックは、世界で初めてイマジナリー波動情報の数値化に成功し、「MRA（Magnetic Resonance Analyzer　磁気共鳴分析器）」を開発しました。彼は生体の内部に生じる微弱なイマジナリー波動情報の乱れを解析し、免疫、アルファ脳波、ストレス、白血病、がん、血液循環、性欲促進、乱視、難聴、精神病、森林浴など、ほとんどの心身状態を「波動コード」という五桁《けた》の数字で表したのです。MRAは、人体を分析し、心身状態を二〇〇〇種類の波動コードの中から診断する装置でした。さらに、MRAには機械的に波動コードを物体に転写する機能があり、ここに波動転写が実現されたのです。

太田先生は一九九〇年代に波動転写の理論を応用し、音質を改善する「波動転写器」を開発しました。MRAでは「免疫」の波動コードは「二五二二二」です。これは十六進数なので、十進数に直すと「一五二〇九八」となります。太田先生は一五二〇九八キロヘルツのイマジナリー波動情報をCDやアナログレコードに転写すると、それらを再生した際の音質が格段に良くなることに気づき、音質改善用の波動転写器の第一弾を製作したのです。

一方、ロシアも「免疫」のイマジナリー波動情報を研究し、「磁気情報水作製波動転写器」を開発していました。この装置の上に水の入ったボトルを置いてスイッチを入れると、その水が「磁気情報水」に変化するというものです。磁気情報水とは、免疫系、心臓血管系、血液系、内分泌系、呼吸器系、消化器系、泌尿器系、筋肉骨格系、交感神経系、副交感神経系などの働きを増強する水です。太田先生は、この装置に水のかわりにCDを置くと、再生時の音質が良くなることを確認しました。重低音は軽やかに伸び、中低音のこもりは軽減され、中音から中高音は濁りが取れて透明感抜群となり、全体として歪《ゆが》み感が半減し、聴感としては一〇〇キロヘルツまで伸びたように感じるといいます。ただし、連続的に転写できないなどの課題がありました。

太田先生はロシアの波動転写器で使われている周波数を解析し、それらを合成してコイルに送り込む回路方式を採用した、新たな音質改善用の波動転写器を開発しました。この方式により、「免疫」のイマジナリー波動情報を連続的に引き込むことができるため、転写の効果は時間とともに強力になります。この装置でイマジナリー波動情報を転写したCDは画期的な音質に改善されます。

波動は微生物に影響を与えるか

波動と微生物には密接な関係があると考える波動研究家も多くいます。

人間も含めて、すべての動植物は微生物（菌）と共生関係にあります。私たち人間の体の中には、数限りないほどの微生物が棲んでいます。現代科学においても、微生物は、生命が生きていくために食べ物の消化吸収を手伝い、免疫力のバランスを調整し、肌荒れや病原菌の侵入を防ぎ、さらには私たちの感情や思考にまで影響を与えていることがわかってきました。

私たちは「微生物に生かされている」ともいえるのです。もし体の中の微生物たちが突然いなくなったら、あなたは栄養失調か感染症で長くは生きていけなくなるでしょう。

この体の中の微生物の生態系を「マイクロバイオーム（微生物叢《そう》）」といいます。

私たち人間が波動を受けて影響されるのは、実は**私たちの体の中にいる微生物が波動**

に反応して私たちの体に何らかの影響を与えているからかもしれません。

ある日本酒メーカーでは、麹室にスピーカーを設置し、製麹の間、麹菌にモーツァルトの音楽を聞かせているそうです。お酒はとてもおいしいと評判です。

昔からモーツァルトの音楽には不思議な現象を起こす力があるといわれてきました。乳牛に聞かせると上質の乳が出るようになり、野菜に聞かせるとおいしくなり、未熟児に聞かせると体重が増加するという報告もあります。これらは「モーツァルト効果」と呼ばれています。モーツァルトの音楽から何らかの良い波動が発せられ、それがさまざまなものに良い影響を与えていると考えられます。

波動研究家の山崎隆司さんは、人の体には、目、鼻、耳、肌など、さまざまな器官から波動が流入していると言います。ところが微生物には目、鼻、耳などの器官はありません。モーツァルトの音楽を聞かせたところで、感じ取れるものは何もないはずです。しかし、実際にお酒や野菜はおいしくなっています。微生物は器官ではなく全身で波動に反応できるのではないでしょうか。

私たちが音楽を聴いて「感情を揺さぶられる」本当の理由は、音楽に潜んでいる波動が体内にいる微生物を活性化させ、微生物が喜んでいるからかもしれません。

第 2 章

データに現れた波動の証拠

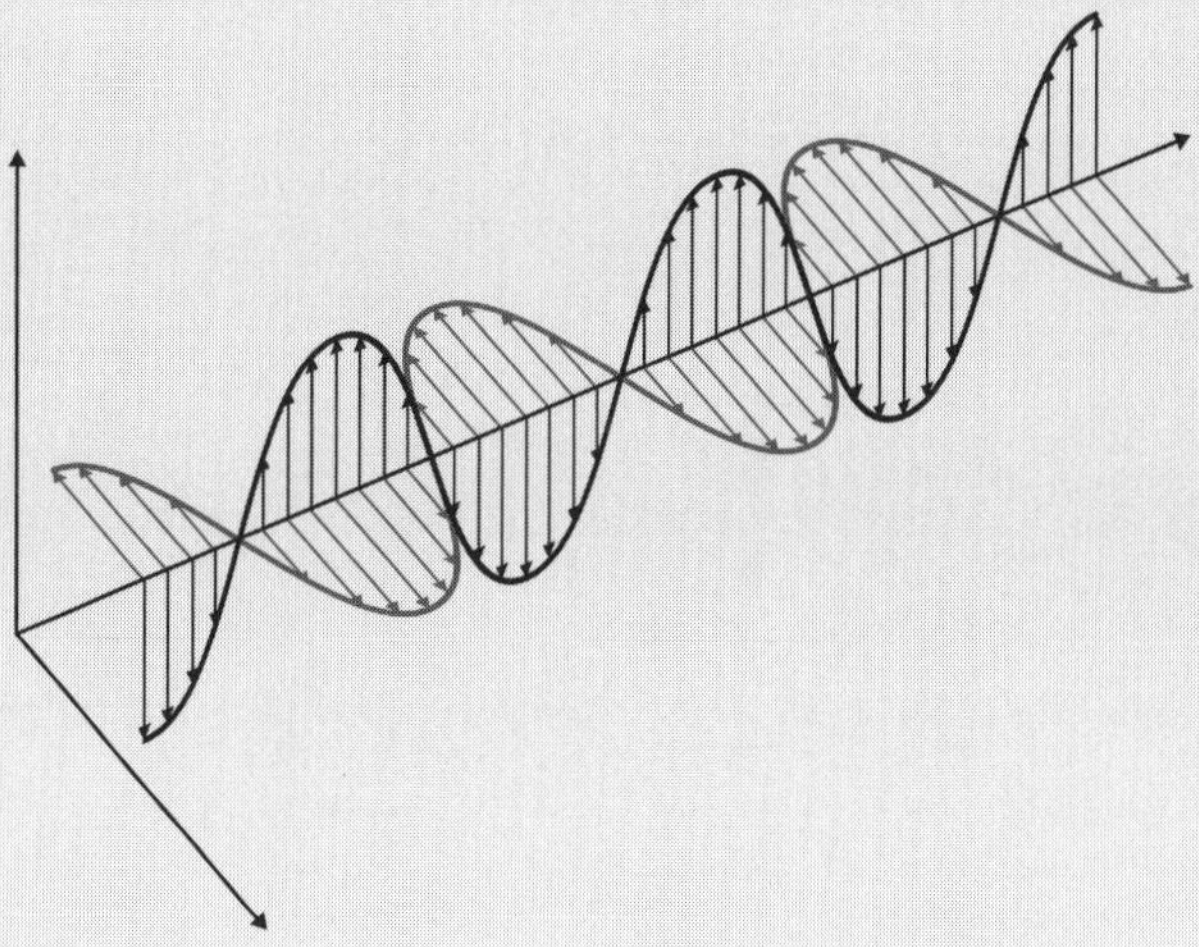

波動でおいしくなるコーヒーカップ

波動研究家の山崎さんは、食器に波動処理して販売していました。**波動処理とは、処理した物体から特定の強力な波動が出るように細工すること**です。左の写真に写っているのは、一見するとなんでもないただのコーヒーカップですが、注いだものがおいしくなる波動を発しています。

注いだものがおいしくなる波動を発するコーヒーカップ

山崎さんは、長野県工業技術総合センターの味覚センサーという装置で波動処理の効果を測定しました。同じ規格のコーヒーカップを二つ用意し、片方にだけ波動処理します。それぞれのコーヒーカップに市販のペットボトル入り緑茶を入れて、味覚センサーで測定して比較しました。

次ページのグラフは味覚センサーによる

味覚センサーによる分析

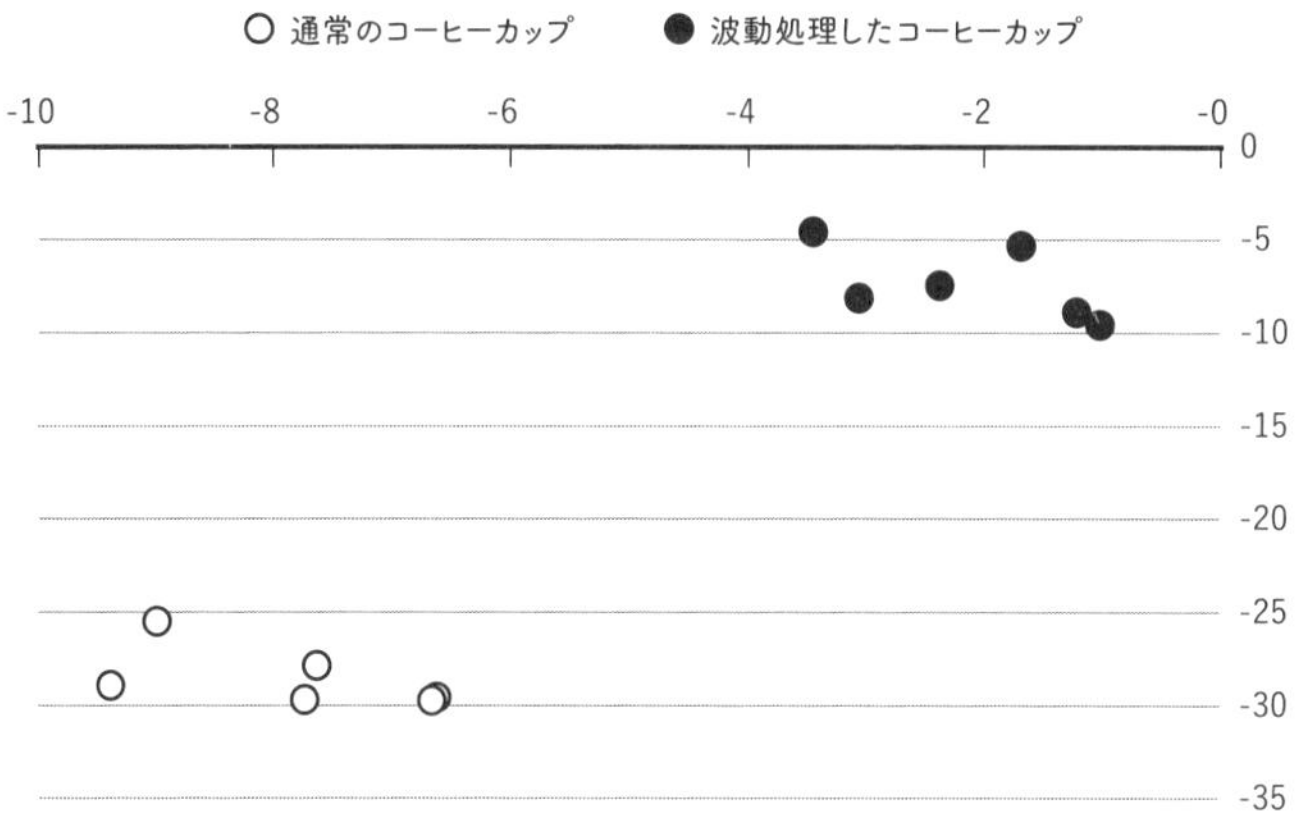

分析結果です。このグラフは右上ほど「うまみ」成分が多いことを示します。グラフの右上にある黒丸のマークが波動処理したもの、左下の白丸が未処理のものです。波動処理したコーヒーカップ内のお茶のうま味成分が増加していることがわかります。波動処理が食品に影響を与えることがデータとして確認されたのです。

波動処理でお茶に何らかの成分が溶け出すことはありません。不思議な話ですが、**コーヒーカップから出る波動によってお茶の性質が変わった**と推測されるのです。太田先生の波動転写器で音や味が変わるのと同じような理屈が成り立ちます。

お茶がおいしくなったのであれば、その

ほかのものはどうでしょうか？　ジュース、酒、酢、醤油など、すべておいしくなるかもしれません。山崎さんは人に判断してもらう味覚実験も数多く行ってきました。

人に試してもらった実験では、「料理がおいしくなった」という人が大多数でも、「よくわからない」という人が必ずいるそうです。個人差は必ずあるのです。おいしさの要因は雰囲気や誰と食事をするかなどの人間関係の要素が大きいといわれ、プラシーボ効果や思い込みでおいしいと感じることもよくある話です。

しかし、**味覚センサーによる検証の結果、波動処理したものはうまみが増すという科学的な結果が出ています。**この味覚センサーは食品工場などでも導入されているものであり、おいしさの正確な基準の一つといえるでしょう。

不思議なことに、人には数値を信用しないという面もあります。山崎さんは、この検査結果をいくら企業の担当者に説明しても、理解してもらうことは至難の業《わざ》だと語っていました。

劣悪な浄化槽をきれいにする入浴液

次は、企業に勤め、数多くの波動製品を開発しているＳ氏のエピソードです。Ｓ氏は、波動技術をビジネスに利用している数少ない人物です。Ｓ氏は、特殊な波動処理技術を使い、化学製品の開発・研究をしています。マーケティングや営業も一人で行い、Ｓ氏が開発した企業向けの製品は年間数億円の売上となっています。

Ｓ氏は、企業向けにはこの特殊な技術の説明は一切していません。一般企業の技術者に波動技術を説明しても理解されないことが多いからです。では、なぜ企業がその技術を利用するのか？　**波動技術を利用した結果に、明らかな科学的データの違いが生じる**からです。その違いが企業にとって利益をもたらします。

私とは二十年以上の付き合いがあり、私の会社だけが、Ｓ氏が開発した一般消費者向けの波動製品を取り扱っています。波動製品を取り扱うにあたり、Ｓ氏は次の条件を出しました。Ｓ氏が所属する会社の名前、Ｓ氏自身のプロフィール、どんな機械を使って処理しているのか、これらを絶対に公開しないことです。私はこの条件を現在まで頑《かたく》なに守っています。

ある食品工場の浄化槽の担当者からＳ氏に一本の電話が入りました。浄化槽からドブの臭いがするとのことです。近隣の住人からクレームが来ると、最悪の場合は、汚泥を産業廃棄物処理業者に引き取ってもらわなければならないのですが、その量は二〇〇〇トンもあると言います。

S氏は、波動処理した特殊な液体を送るので、それを浄化槽に五〇〇ミリリットル全部入れてみるように指示しました。翌日には臭いが消えているだろうと言うのです。翌日の午前中、食品工場に波動処理された液体が到着しました。全部浄化槽に入れたところ、夕方には本当に臭いが消えていたそうです。それを聞いた担当者の上司は大変驚き、社内は騒然となったようです。

なぜそのように大騒ぎになるのかというと、もし浄化槽の処理がうまくいかず、生ごみが汚泥となってしまった場合は一トンあたり二万~三万円で産廃業者に引き取ってもらわなければならない可能性があるからです。もし仮に汚泥処理一トンあたり二万五〇〇〇円だとすると、二〇〇〇トンを産廃業者に引き取ってもらったら五〇〇〇万円の損害です。波動処理された液体は一本五〇〇〇円です。これではビジネスとしては全然儲かりません。しかし、**波動製品は人の役に立つことに意味がある**、と考えさせられました。

臭いがなくなる速さ、汚泥処理の量と添加する量のアンバランスなど、この液体は調べれば調べるほど不可解なようです。調査にやってきた微生物の専門家が、科学的にはあまりにも整合性がとれないことに混乱し、「いったい何だ、この現象は！」と叫んだそうです。

こういう奇妙なことが起こると、学者や研究者など専門家は、必死にその理由を追究し、科学的に解釈できるよう整合性をとろうとするようです。Ｓ氏もいろいろ質問されました。Ｓ氏はいたって冷静に、この液体に入っている菌が腐敗菌に影響を与えていること以外にはよくわからないと答えたそうです。最終的には、汚泥処理のシステムが安定すればいいわけなので、分析は専門家にお任せして、波動については触れないのです。担当者は不思議がりながらも感謝して帰っていったそうです。

汚泥の腐敗を防止するその波動の液体は、実は入浴液として販売されています。本書では以降、「波動入浴液」と表記します。

波動入浴液は、波動処理されていることも重要ですが、微生物が入っていることも重要な要素です。少しだけ明かすと、波動入浴液は、四種類の乳酸菌と「マコモ菌」を共棲させて培養した液体です。乳酸菌にはさまざまな種類があるのですが、どの四種類を使っているかは、特許を取得していないため企業秘密です。

S氏によると、波動入浴液内の菌は、共棲すると「二〇分の一に縮小する」「同じような形になって顕微鏡では判別できなくなる」などの不思議な現象を起こすそうです。菌が共棲しているかどうかを判別するには、コロニーの状態を見るのが一番わかると言います。同じ形になった菌は、もう一度液体を取り出して純粋培養すると、大きくなってそれぞれ元の形に戻り、勝手バラバラに動き出すのだそうです。**微生物には、人智では計り知れない何かがある**ようです。科学はまだ微生物の組織構造に関して、ほんのわずかな部分しか解明できていないのです。

共棲培養を行うには、善玉菌同士ならどんな組み合わせでもよいわけではありません。違う種類を一緒に育てようとしても、強い菌と弱い菌がいて、時間とともに弱い菌の姿が消えてしまうなど、うまく育たない場合もあります。数ある菌のうち、相性が良くて生育も良い組み合わせを探す必要があります。相性が良い組み合わせなら、お互いに手を取り助け合うので、そこに強烈なパワーと有益な副産物を生み出してくれるのです。人間も多くの人が手を取り合って協力すると、とてつもないパワーを生み出すことがありますが、それと同じかもしれません。絆です。

最近では、乳酸菌が重要であると盛んにいわれていますが、S氏によると、乳酸菌は大した問題ではないそうです。波動入浴液が特殊である理由は、四種類の乳酸菌に加えてマコモ菌が共棲していて、乳酸菌生産物質と酵素がたっぷり入った状態だからです。マコモ菌は世間では「まだよくわかっていない菌」といわれていますが、Ｓ氏はその菌の正体を私にははっきりと教えてくれました。

波動入浴液は科学的に作られていますが、現代科学では説明できない力があるようです。ただ強い菌を培養するだけでは、ここまでの能力は発揮できず、波動技術が必要になります。波動に精通している人にこの入浴液を渡すと、容器に触れただけで何かを感じることがあるそうです。

Ｓ氏によると、汚泥処理施設では微生物を殺す行為を行うと、微生物が不安定になり、むしろ悪臭が増すそうです。私たちは、パイプから臭いがすると、すぐに化学成分の入った液体をパイプに入れて除菌しようとします。ですが、それはかえって逆効果になります。**微生物は殺すよりも友達になった方がよい**のです。『風の谷のナウシカ』のような考え方ですが、二十二世紀の未来のためにも、私たちは思考を変えていかなければならないと考えています。

先ほども書きましたが、Ｓ氏は一般企業に対して、波動の技術を使っていると言ったことは一度もないそうです。波動は学者や研究者に説明しても理解される可能性は少ないというのがS氏のスタンスです。波動の技術はみなさんがよくご存じの有名な企業にも導入されていますが、業者の担当者は波動の技術に関しては何も知りません。

しかし、私は、ブログやメルマガで、S氏の波動処理についての情報をたくさん書いています。なぜなら、波動を信じてくれている方であれば、理解していただけると考えているからです。

S氏と私の関係は「裏と表の世界」となっているのです。面白い関係だと思っています。S氏は「世の中の九〇%くらいは科学で解明できる。しかし、残り一〇%くらいは誰にもわからないゾーンがある」と語っています。S氏は科学をとても大切にしていますが、**科学技術以上のものを引っ張り出そうとすると、波動の技術が必要になる**ようです。

腐敗を防ぐ金属板

波動の力を示す客観的なデータはほかにも多くあります。

Ｓ氏は、波動の力を最大限に発揮させる技術を産業用途で使っています。この技術の中身は秘密です。液体、固体、気体かさえも書くことができませんが、**この加工をされた物質は、ほとんど腐らなくなります。**金属も食べ物も傷まなくなるのです。冷蔵庫がなくても、常温で野菜や魚などの鮮度を保持できます。ひょっとすると、将来は遠洋漁業で捕獲されたマグロを冷凍せずに港まで届けられる装置が完成するかもしれません。

この技術で加工された金属板は単体の商品となっています。本書では「波動金属板」と表記します。Ｓ氏は**波動金属板が電池の電圧を復活させる**ことを実験により確認しました。腐敗を止める波動の力により、弱くなった電池の電圧が回復するのです。

実験では、まずは単三のリチウム充電式乾電池二本をＬＥＤライトに使って消耗させます。その後、一旦、電池をＬＥＤライトから取り外します。二本の電池のうち一本には何もせず、もう一本はマイナス部分とプラス部分にそれぞれ波動金属板を当ててしばらく放置します。その後、再びＬＥＤライトに電池を装着し消耗させせます。この消耗と放置とを何度も繰り返し、その過程における電池の電圧データを取っていきます。

通常、電池はしばらく何もせずに放置すると電圧が多少は回復します。ですが、今回の実験では、放置中に波動金属板を当てていた電池の方がより電圧が回復するというデータが出たのです。特に電池の容量が限界間近まで減った場合、電圧回復に明らかな差が継続されました。

ここでもまた、波動の力が数値という目に見える形で示されたのです。やはり、波動には何らかの力があると思えないでしょうか。その力とはどのようなもので、どうしてそのような力が発揮されるのかという科学的な解明はまだなされていません。しかし「何らかの力があること」は、このように結果として数値で出ているのです。

また、この**波動金属板は空気の吸引力にも影響を与える**ことが、別の実験により判明しました。

同じ規格のビーカーを二つ用意します。それぞれに同じ規格のロウソクを入れて火をつけ、片方のビーカーには波動金属板を載せ、もう片方のビーカーには普通の金属板を載せます。二つのロウソクの燃え方を観察すると、何度やっても、波動金属板を

波動金属板による電池の電圧回復

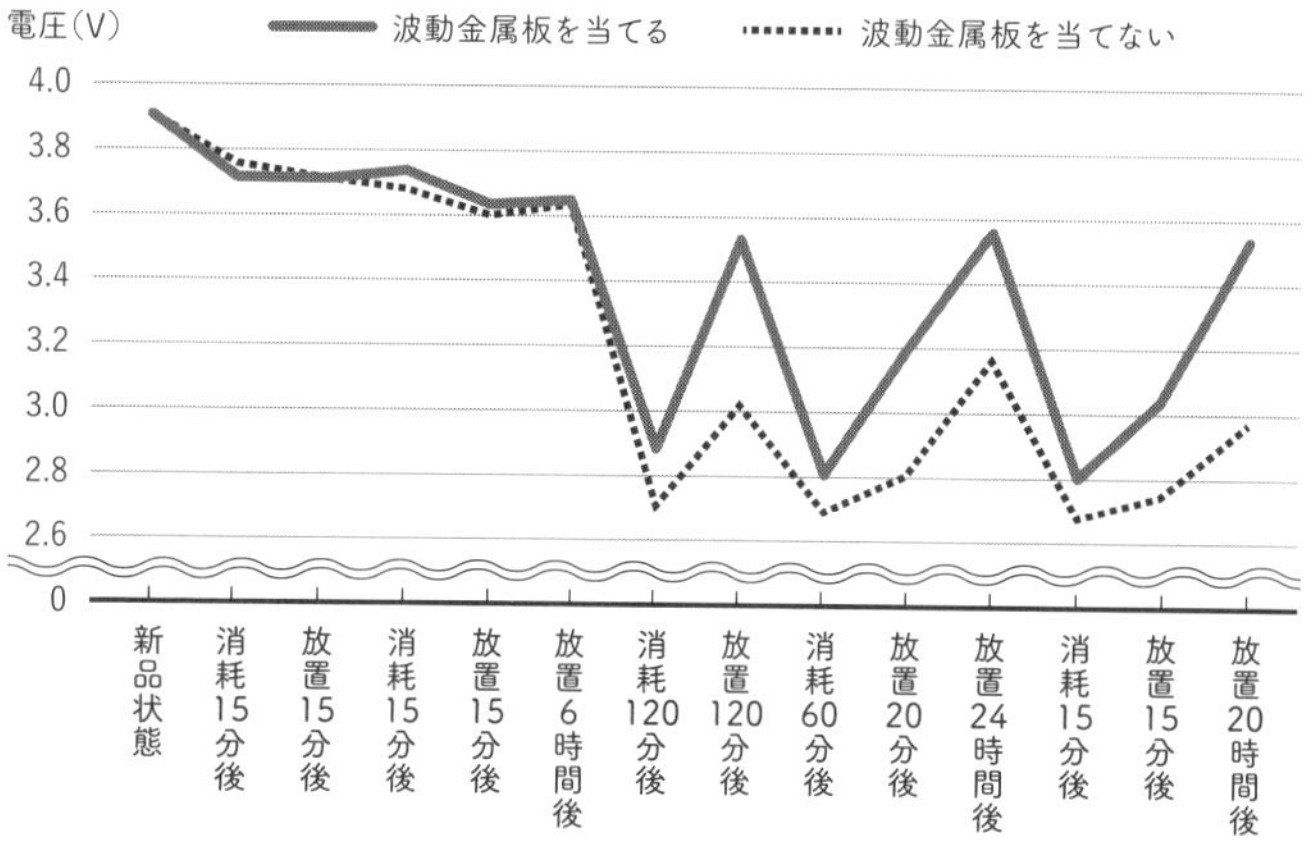

載せた方が空気の吸入が強く、炎が揺れて先に燃え尽きます。揺れすぎて蠟が落ちてしまう場合もあります。一〇〇回実験したらしいのですが、一〇〇回とも波動金属板を載せた方のロウソクが早く燃えてしまったそうです。波動によって酸素の吸引力が高まっているのかもしれません。

波動がうさんくさいと思われるのは、そのエネルギーを見ることができないからではないでしょうか。気功家が「今から気を出します」と実演しても、気のエネルギーを肉眼で見た人はほとんどいないと推測します。ところが、**波動金属板を指に装着して撮影すると、指先から波動が出ている映像になる**のです。気の正体を映像化したともいえます。このＹｏｕＴｕｂｅの私のチャンネルにアップロードされています。『北斗の拳』のケンシロウのように、指先から波動（あるいは気）が出ている映像がはっきり映っています。

塩の結晶構造を変化させる磁石

腐敗を防ぐ効果がある、波動処理した磁石も製品化されています。本書ではその磁石を「波動磁石」と表記します。通常、お風呂から汲《く》んだお湯はしばらく放置すると腐敗してしまいます。**水道管に波動磁石を装着した場合、そのお風呂から汲んだお湯は何カ月も腐敗しません。**次の文章は、私が波動磁石を初めて体験したときのＳ氏とのやりとりです。

S氏との対話

S氏　世の中の人がアッと驚くような新製品の構想が頭に浮かび上がったよ。試作品もできた。

広瀬　何それ？

S氏　世間一般からすると完全にオカルト製品かも。

広瀬　問題なし（笑）。すごく興味ある。

S氏　すべての物質には流れと方向性がある。その流れや方向性を自在にコントロールできる製品。

広瀬　よくわからない。イメージが湧かない。

S氏　例えば、シャワーから出るお湯は、各家庭によってエネルギーの流れが違うんだよ。不規則だったり、規則的だったり。出張に行ってホテルでシャワーを浴びたとき、違和感を感じたことはない？　とても気持ちよいとか、あまり気持ちよくないとか。

広瀬　うーむ、確かに。

S氏　それは自宅のシャワーとホテルのシャワーではエネルギーの流れ方が違うからなんだ。

広瀬　じゃあ今度の新製品はエネルギーの流れを変えるものなの？

S氏　エネルギーの流れを整えて、さらに良質なエネルギーを水に与える。そのために、磁石を使用する。一個送るから試してみない？

広瀬 わかった。シャワーに付ければいいんだね。

S氏 結束バンドも付けるからそのバンドでシャワーホースに固定して。

数日後。

広瀬 やってみた。水の味が変わる。甘くなる感じ。奥さんにも試してもらったけど髪がサラサラになるって。実は俺も白髪染めを使うと皮膚がかぶれてシャワーすると頭皮が痛かったんだけど、これは沁みない。

S氏 そうでしょう。うちの嫁も使ってみてビックリしたみたい。シャワーを十五分浴びただけで肌がスベスベ。この商品は、流れているところすべてに使える。水道、電気、ガス、空気。

広瀬 オーディオでも音が良くなるか試してみた。スピーカーケーブルに使ってみたけどすごい音の変化。

S氏 そっちは専門じゃないけど。自動車にいろいろ使ったら変化があったよ。

広瀬 これはとても良いと思います。

波動磁石からの距離と塩の結晶の内部ピラミッド構造率

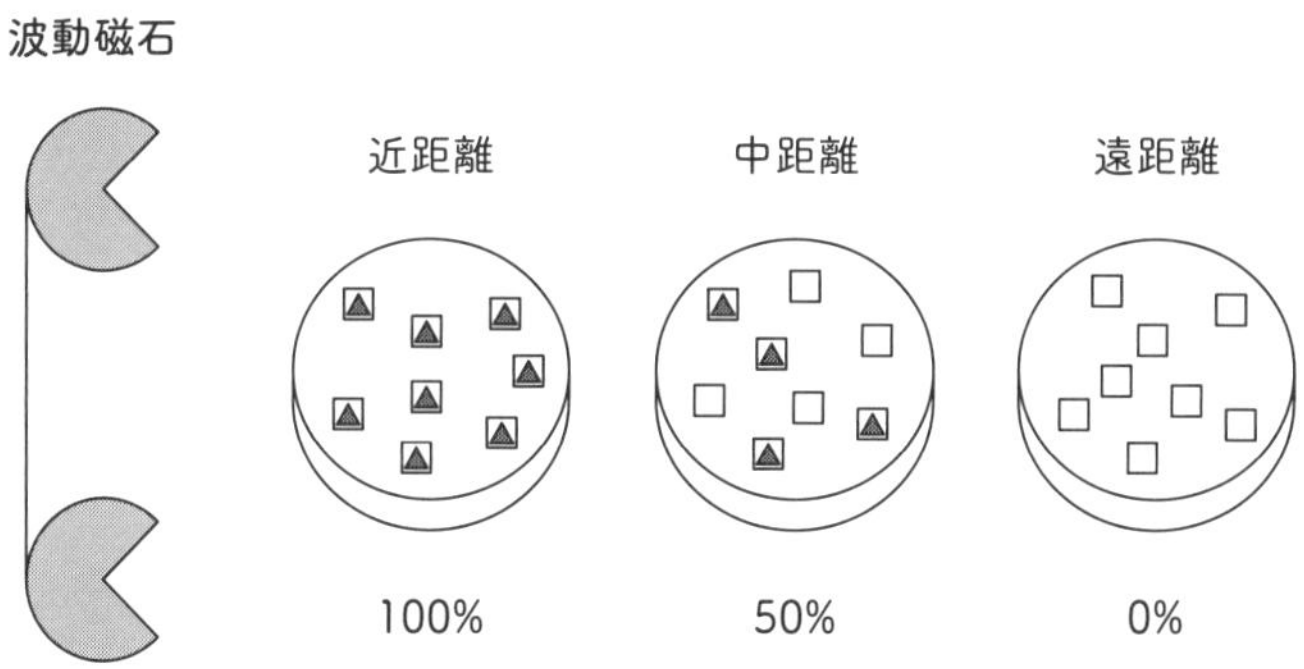

S氏　了解！　でも作るのがすごく面倒で手間がかかるから……少しずつね。

波動磁石が何らかのエネルギーを発しているという証拠はほかにもあります。

塩の結晶は基本的にサイコロ形（正六面体）ですが、成長するときの環境や、条件の違いによって、さまざまな形の結晶ができます。条件とは、温度、湿度、成分、風通し、光の当たり方などといわれています。しかし、今回の実験結果は、これまでの科学の常識を覆すものでした。**波動磁石が塩の結晶構造を変化させる**ことが実験によりわかったのです。

波動磁石の近くに塩水を入れた皿を置い

て水を蒸発させると、できる塩の結晶は、すべてがサイコロ形で、内部にピラミッド構造が入っていました。中がピラミッド構造になっているのは聞いたことがありません。結晶自体が逆ピラミッド型になっている「トレミー型」とも違います。また、蒸発が早くなり、短い時間で結晶ができます。

さらに、波動磁石の近く（近距離）に塩水の皿を置くと、すべての結晶の内部にピラミッド構造ができた一方で、皿を波動磁石から少し離れたところ（中距離）に置くと、半分ほどの結晶が内部ピラミッド構造になりました。皿を十分離れたところ（遠距離）に置くと、内部ピラミッド構造はありませんでした。

この三つの結晶の違いは、波動磁石から発せられる波動による作用だと思われます。特に中距離では半分だけに変化が現れたというところがポイントです。少し距離を置いているので、少し影響したということなのでしょう。**波動磁石は近くの物体に大きな影響を与え、離れるにつれて影響力が弱まる**ようです。温度、湿度、成分など以外にも結晶を変化させる未知の要素があると推測できます。

さらに、波動磁石の近くでできた塩の結晶は、**青い光を当てると内部が金色に光ります**（口絵参照）。S氏は三日三晩考えたそうですが、まったく理屈がわからないらしく、「知恵熱が出そうだ」と言っていました。

その後のS氏との電話

広瀬　これで波動磁石から出ているエネルギーが塩の結晶構造に変化を与えることが証明できたね。

S氏　ほぼ間違いない。

広瀬　しかも、重力みたいに距離の二乗に反比例するっていうことなのかもしれないね。

S氏　物理法則は再現性が絶対条件。だからこの実験は誰がやっても同じ結果が起こる可能性は高いよ。ただし、波動磁石を購入しなければならないけどね。あと顕微鏡もあると便利だね。

広瀬　「波動」の物理法則か。そんなこと普通の人はやらないね。

微生物を活性化させるセラミックス

前出の波動研究家の山崎さんは、波動処理したセラミックスを使用して、メダカが入っている水槽二つで水質変化の実験を行いました。本書では「波動セラミックス」と表記します。特に何の処理もしなかった水槽は、もちろんすぐにアオコやカビだらけになりました。しかし、水槽のフィルター内に波動セラミックスを使用した水槽は、三十四日たってもアオコ、カビが一切発生せず、きれいな水質のまま維持されました。波動セラミックスに水質浄化の効果があることが確認されたのです。山崎さんは、**セラミックスから出る波動によって微生物が活性化した**ためだと考察しています。水槽をきれいにする微生物が活性化して、水槽を汚す微生物を攻撃したのでしょうか？

また、山崎さんはカビの繁殖を抑える特殊波動塗料も開発しています。この塗料を紙に塗って乾燥させ、その上にパンを載せて室温で放置してその変化を観察しました。比較のために用意した、塗料を塗っていない紙に載せたパンはカビだらけになっているのに、塗料を塗った紙に載せたパンはカビが発生せずきれいなままです。波動が微生物に影響を与えている可能性は高いと感じます。

植物の生長をコントロールする鉱石

植物の生長には波動の向きが関係します。

S氏によると、**波動には「強弱」のほかに、「向き」があります。**「上向きの波動」「下向きの波動」という区別があるのです。農業用肥料などには波動入りの鉱石が入っているものがあります。上向きの波動の鉱石を土に入れると植物は発芽や生長が早くなり、下向きの波動の鉱石を土に入れると植物は根の方向に生長します。S氏の「波動コントロール」という技術は、波動の強弱や向きを自在に操って変化させるものです。**波動の向きを変えることによって植物の生長が変わる**ことは育成実験により確認されています。

その際、すべての波動の向きをそろえるのではなく、花や農作物の種類や目的によって上向きと下向きのバランスを調整することが大切です。うまい具合に上下への波動が伝わると、全体的に質が高くなり、花の場合はつぼみが増え、葉物の場合は栄養価が高くなり、果実の場合は収穫量が増えます。

波動コントロールした土に植えた花を暗い倉庫内に入れ、一切水をやらず、約八カ月放置しても、枯れた花の下から新しい命が芽生えるという実験結果も出ています。

波動コントロールは日本の農業に革命を起こせる技術だと思います。農業とは少し違いますが、この技術は既に国立競技場で採用されているティフトン（芝生の一種）にも使われています。

S氏との対話

広瀬 上向きや下向きの波動を持つ鉱石ってどんなもの？

S氏 貝化石肥料と呼ばれるもの。貝化石、貝石灰、ミネラルなどが入っている。畑にまくかまかないかで、植物の生長は変わってくるのだけれど、どの向きに生長するかは、その素材の持つ波動によって決まる。

広瀬 ということとは、物質の特性に問題があるのではなく、物質の持つ波動のエネルギーが植物の生長に大きく関わっているということ？

波動の向きと植物の生長

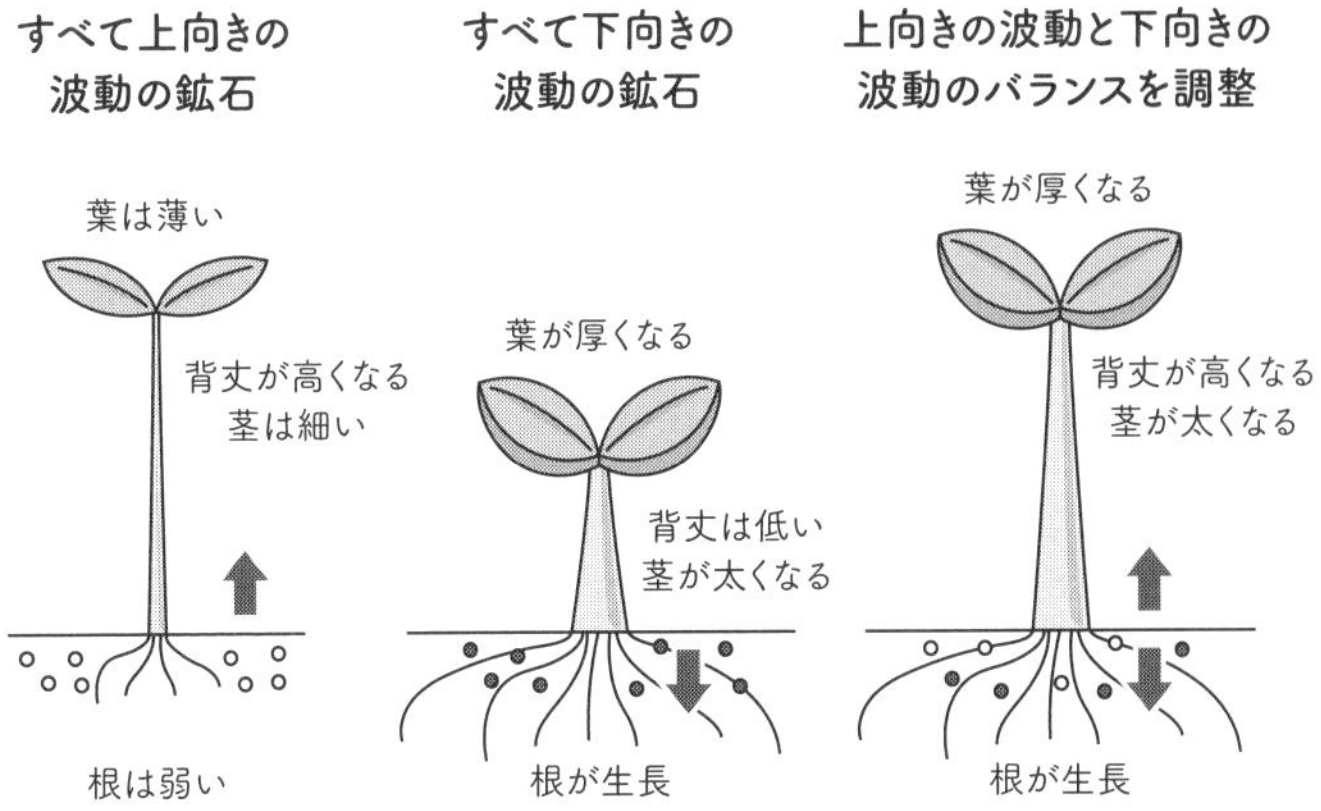

S氏　そう。これは多くの人が気づいていない真実。私は、上向きの波動エネルギーを持った物質を下向きの波動に変化させることができる。そうやって実験をすると、根と茎や葉が真逆に生長する。同じ物質でも波動の方向性を変えることはできる。

広瀬　すごい。まさに私という一人の人間が二重人格になるようなものですね。

S氏　例えば、ケイ素はとても重要なものだけど、ケイ素にも上向き波動と下向き波動がある。この話は、絶対に教科書には載っていないが、研究すれば研究するほどその真実は明らかになってきている。

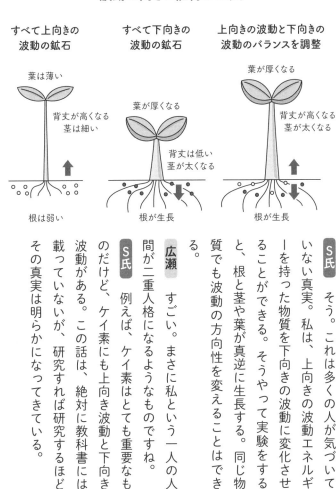

空間に電子を飛ばす液体石鹸

波動コントロールの技術を使った液体石鹸も開発されています。本書では「波動液体石鹸」と表記します。

S氏はモニターNさんの体質改善の相談を受けました。フケとワキガと薄毛の悩みです。クリニックなどで全部治そうと思ったら数百万円以上かかります。S氏は波動液体石鹸と波動入浴液をNさんに渡し、興味深い実験結果を残しました。クリニックに行って手術したのではないかと思うほどの結果です。

まず、月曜日から金曜日の五日間、Nさんは従来通りの生活をし、毎日アンモニア測定器で脇下を測定しました。次の週の月曜日から金曜日の五日間、Nさんは毎日波動液体石鹸と波動入浴液を使って頭皮と脇下を中心に全身を洗い、同様に測定して比較しました。その結果が次ページのグラフです。**波動製品を使うとアンモニアの数値は朝はほぼゼロ、夕方は平均すると従来の四分の一程度になる**ことが確認されました。もちろん、デオドラント用品や制汗剤は使っていません。アンモニア測定器で脇

波動液体石鹸と波動入浴液によるアンモニアの抑制

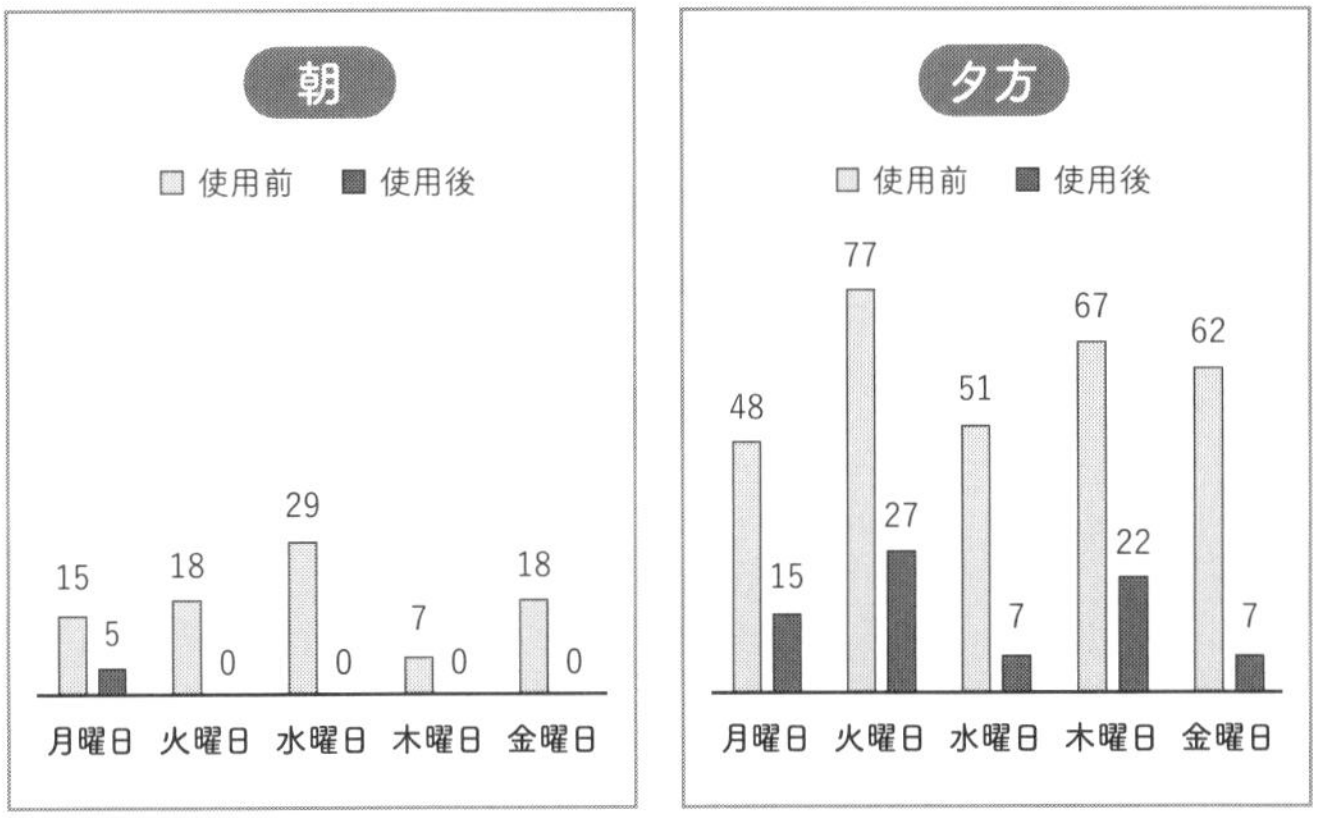

下を測定というマニアックなことまでやるからＳ氏は尊敬できるのです。

波動液体石鹸は、体質を改善するだけではありません。ネガティブな波動を中和する能力が高く、**植物に与えると植物が生き生きと生長する**ようです。五〇〇ミリリットル容器に水道水を入れて波動液体石鹸を一滴混ぜ、鉢や花壇の土に直接まくと、葉の艶や光沢が増し、花も次々と咲きます。

またあるとき、波動液体石鹸を使った不思議な映像がＳ氏から送られてきました。映像を見た瞬間、私の脳は少しパニックになりました。電圧計の片方の端子を床に置き、もう片方の端子に波動液体石鹸をそそぎかけると、電圧計が反応します。**線がつ**

ながっていないのに電気が流れているのです。すぐにS氏に電話しました。

S氏との対話

広瀬 電圧計の片方の端子はビーカーの外にあるよね。手で遮っているのはつながっていないことを証明するためでしょう。水に含まれている電子が空中を飛んでいるわけ？ 電子が流れなければ電圧計は作動しないよね。

S氏 実験する前から頭の中でシミュレーションが完成していたので「成功する」と思っていたけど……成功してよかった。素手で触っても感電はしないよ。

広瀬 電圧はどうなっているのだろう？

S氏 空間は圧力を持って広がっている。空間の電子が圧力点で広がることもあるんだ。

広瀬 動画の説明文にある「電子圧が高く循環水の電界強度が高まります」とは？ うーむ。

S氏 本当の水の定義や電子の定義が教科書に載っていないから、現代の設備で何かを見つけるのは大変で、説明することはもっと難しいね。

広瀬　私が学生時代に勉強した理科の教科書には載っていなかったと思います。

S氏　理屈ではなく動画がすべてを物語っているよ。

宇宙意識とつながるハーブ

フランスにはエルボリストリというハーブ薬局があります。フランスでは不調を感じ始めたら、すぐ病院や薬に頼らず、まずはエルボリストリに行く人が多くいます。それだけ、ハーブは人の健康に関係があります。ただ、それだけではただのハーブの効果効能です。

S氏は強力な波動を放出するハーブの育成に成功しました。本書では「波動ハーブ」と表記します。ハーブの種類としては、レモンバーベナとローズマリーというごく普通のものですが、**波動ハーブを使うと、「宇宙意識」とつながる**そうです。このとき、遠くの世界からもう一人の自分が自分自身を客観的に見つめているような感覚になり、自分が本当にやりたいことにハッと気がつき、人生の目的が見えてくるといいます。宇宙意識とつながる瞬間は、究極の自然体であり、「無の心」で幸せを感じ

親の波動ハーブから流れる波動生命情報エネルギー

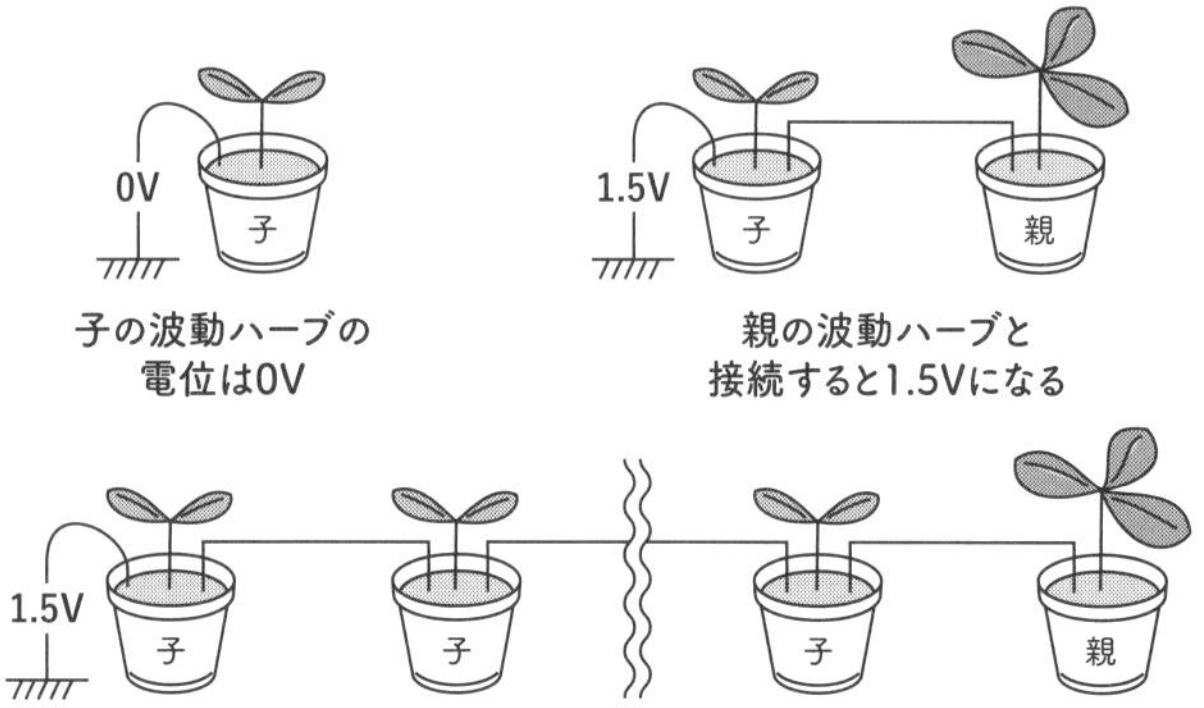

子の波動ハーブの
電位は0V

親の波動ハーブと
接続すると1.5Vになる

子ハーブが間にいくつあっても
親ハーブとつながっていれば1.5Vになる

るそうです。

宇宙意識と自分の体が一体化すると、特殊な超能力が身につくそうです。超能力といっても、スプーン曲げや空中浮遊、引田天功のような脱出などの能力ではありません。超能力者になるとは、新しい感覚を持った人間になるということです。新しい感覚を持った人間は、感性が鋭く、仕事ができ、必然的にお金持ちになる運命が巡ってきます。将来、億万長者になり世界一周旅行に行って、セレブな人たちとお友達になれるかもしれません。

S氏は、波動ハーブから特殊な波動エネルギーが放出されている事実を実験によって確かめました。波動ハーブには、親と子があります。電圧計で子ハーブと地面との電位差を測ると、0ボルト付近を示します。ところが、子ハーブの土と親ハーブの土を電線でつなぎ、同様に子ハーブと地面の電位差を測ると、一・五ボルトあたりを示すのです。電線でつなぐ子ハーブの数を増やしても、親ハーブとつながっている限り、やはり電位差が現れます。**親ハーブから何らかのエネルギーが流れている**と考えられます。S氏はそれを「波動生命情報エネルギー」と呼んでいます。波動生命情報エネルギーは電気そのものではありませんが、電圧計によって確認できます。この現象は現代科学では説明することは難しいはずです。まさに未踏科学という言葉をそのまま体現しているのかもしれません。

S氏によると、波動ハーブは親の波動ハーブからでないと作ることができず、実際に波動ハーブになるのは五〇苗のうち一五苗未満だそうです。親の波動ハーブは現在二鉢しか存在しません。

宇宙意識と予知

宇宙意識とつながって超能力者になることを手助けしてくれるグッズは波動ハーブ

だけではありません。未来の数字を予知するペンデュラム（振り子のような道具）もあります。S氏はこのペンデュラムを使ってロト7を当てています。抽選日二〇一九年九月六日のロト7では、一口三〇〇円で三口だけ買って四等と五等を同時に当てました。六等以上は毎回必ず当たると言います。今のところ、S氏が買ったロト7は当選確率一〇〇%です。

ペンデュラムを使ったロト7の予知の具体的な方法は次の通りです。ロト7に使われる数字を書いた紙を用意し、それぞれの数字の上にペンデュラムをかざして揺れ具合を見ます。**当たる数字の上だとペンデュラムが止まります。**実はこのような能力は程度の差はあれ誰でも持っているので、ペンデュラムを持っている方は実践してみると面白いかもしれません。

S氏からのLINE

今回の一〇、一一、二四、三四はペンデュラムがピタッと止まった反応でビックリしたけど、その数字を書いた。ほかの当たり数字は右回転の初動が早かった。宇宙意識のような想像の世界では一〇、一一、二四はハッキリ見えたけど、ペンデュラム反応のまま記入した。やはり私も人の子。「一桁の数字が入っている可能性が高いのではないか？」とか「七番目の数字が二〇で終わったら、二一～三七までが入ってない確率は低い」とか記入するときの現実の意識で考えてしまい、それがノイズになってしまっています。金銭欲望というより、この感覚は誰でもあることを広めたいという意識が生じるため、確率という無意味な思考のノイズが混ざってしまいます。

Ｓ氏はペンデュラムを使わなくても予知ができるようです。二〇一七年九月二十六日夕方六時頃、電話でＳ氏と打ち合わせをしていると、突然Ｓ氏が頭痛と強烈な違和感を訴え、地震の予兆だと言い出しました。方角や地震の大きさはすぐにはわからないらしく、その後少し考えているようでした。数分後、ＬＩＮＥが送られてきました。「二十四時間以内。東日本。震度四以上」。

私は嫌な予感を感じながらも、すぐにＳ氏の地震予知をブログとメルマガで公開しました。心配していたのですが、特に地震は感じなかったのでその日は就寝しました。翌朝、気象庁のホームページを調べると、二〇一七年九月二十七日五時二十二分発表の地震情報がありました。岩手県沖を震源地とする、マグニチュード六・一、最大震度四の地震です。**S氏の地震予知が当たっていた**のです。S氏の予知が当たるのはよくあることなので私自身は驚かないのですが、今回はブログとメルマガで公表してしまった以上、多少の責任を感じていました。ただし、今後もこのようなことを公表するかはわかりません。南海トラフ地震では地震対策を見直し、新たな情報提供方法を検討するというニュースを見ました。最悪で三二万人以上もの人が亡くなるという予測もあるそうですから、うかつなことは言えないと感じています。

また、宇宙意識とつながるためにはお金に余裕のあることも必要です。借金取りに追われておびえていたり、遺産相続で兄弟喧嘩《げんか》をしていたり、経済的な理由で夫婦の仲が悪かったり、そんな状況では難しいのです。

宇宙意識とつながっているときには不思議な現象が起こります。S氏は通常ではありえない映像を何本も撮影しています。口絵は**光が曲がった例**です。光は直進するエネルギーであり、本来は光が曲がることは考えられません。

無意識の力を空間に放出する備長炭

Ｓ氏は波動処理した備長炭を作っています。本書では「波動備長炭」と表記します。波動備長炭は、Ｓ氏が製品を開発するベースになっているもので、体の中にある余計なノイズをすべて抜き、「無意識の力」を空間に発散できるそうです。備長炭は多孔質で導電性が高くエネルギーを放出しやすいため、**波動の触媒としての役割を果たし、無意識の力が空間に出ていきます。**ちなみに、ウバメガシ（ブナ科の常緑広葉樹）の紀州備長炭が最高の素材だそうです。

一つのプロジェクトを成功させようと意識して努力しているときは、何をやってもうまくいかず、もがき苦しむことが多いものです。しかし、そんな状態は長く続きません。しばらくすると、ふっと抜けた瞬間がやってきます。その瞬間、無意識の状態になり、体がゆったりとして「何かが降りてくる」という成功の光が見えるのです。

人生で成功する人は、この「降りてくる瞬間」を何度か経験しているようです。一流のアスリートの間では「ゾーン体験」と呼ばれているものです。「リラックスしているのだけど、ものすごく集中している」「試合が自分の思うように進み、負ける気がしない」「体と心が完全に一体化していて、自然に体が動いているような感じ」などの証言があります。十二時間以上続けて仕事をしていても、この抜けた瞬間を味わうと人は疲れなどまったく感じなくなります。頭が冴え、器が大きくなり、人に優しくなれます。**「無意識」という状態は人を超能力者にします。**

しかし、努力をしてもがき苦しむ体験をしなければ、ゾーンはやってこないので、努力することは、とても重要です。

波動備長炭によって空間に放出された無意識は映像として撮影されており、その様子はＹｏｕＴｕｂｅの私のチャンネルにもアップロードしています。部屋を暗くして、波動処理した青色ＬＥＤを点灯させると、波動備長炭の内部に赤い光が揺らめいているのが見えます。これが無意識が空間に放出されたものだそうです。ＬＥＤの青い光に手をかざすと周囲の空気がゆらゆらと波打ったり光の筋が曲がったりする様子も数多く記録されています。このような映像は、本来的には誰にでも撮影することが可能ですが、意識したり、祈ったりすると撮影しにくくなるそうです。

磁場を狂わす波動処理

Ｓ氏は、水の中に特殊な波動を封入する技術を持っています。波動処理された水は何十年も腐らなくなるそうです。

不思議なことに、**水に波動処理する際、方位磁石をかざすと、約八秒後から方位磁石が不規則に動き出します。**加工を終えると、方位磁石はまったく動かなくなります。

私は方位磁石の動きが波動処理によるものなのか半信半疑だったので、事務所にある水槽の水中ポンプのスイッチを入れ、方位磁石を水槽の上に置いてみました。水中ポンプの電気的作用が方位磁石に影響を及ぼしているのではないかと思ったからです。しかし、方位磁石はまったく動きませんでした。

その後、さらに新たな事実がわかりました。Ｓ氏から送られてきた動画を見ると、空気に波動を封入しているときにも同じ現象が起きているのです。Ｓ氏は**強い波動が地球の地場に影響を与えている**可能性を示唆しています。私はこの現象を「ゼロ地場現象」と名付けました。

波動で美顔器の効果を高める

十五年以上お付き合いある、「ひなたの」の福島立大《りゅうだい》さん（通称マロさん）は、波動製品をたくさん開発しています。その中に、既製品の美顔器に特殊な波動をプログラムした製品があります。既製品の美顔器から特殊な波動が常時発生するようになり、美顔効果を高めるというものです。本書では「波動美顔器」と表記します。

マロさんによると、人間は肉体だけではなく、エーテル体、アストラル体などの七つのエネルギー体で構成されています。そして、**老化や病気などの問題の原因は、肉体そのものではなく、上位のエネルギー体にある**と言います。波動美顔器は、愛や喜びの波動を電気と振動に乗せることで、上位のエネルギー体を整え、結果として肉体も改善するという仕組みだそうです。

その効果は科学的にも実証されています。右手に波動美顔器を持ち、左手の指を血流顕微鏡で観察すると、波動美顔器のスイッチを押したとたんに血液の流れが速くなることがわかります。

肌の水分量の変化

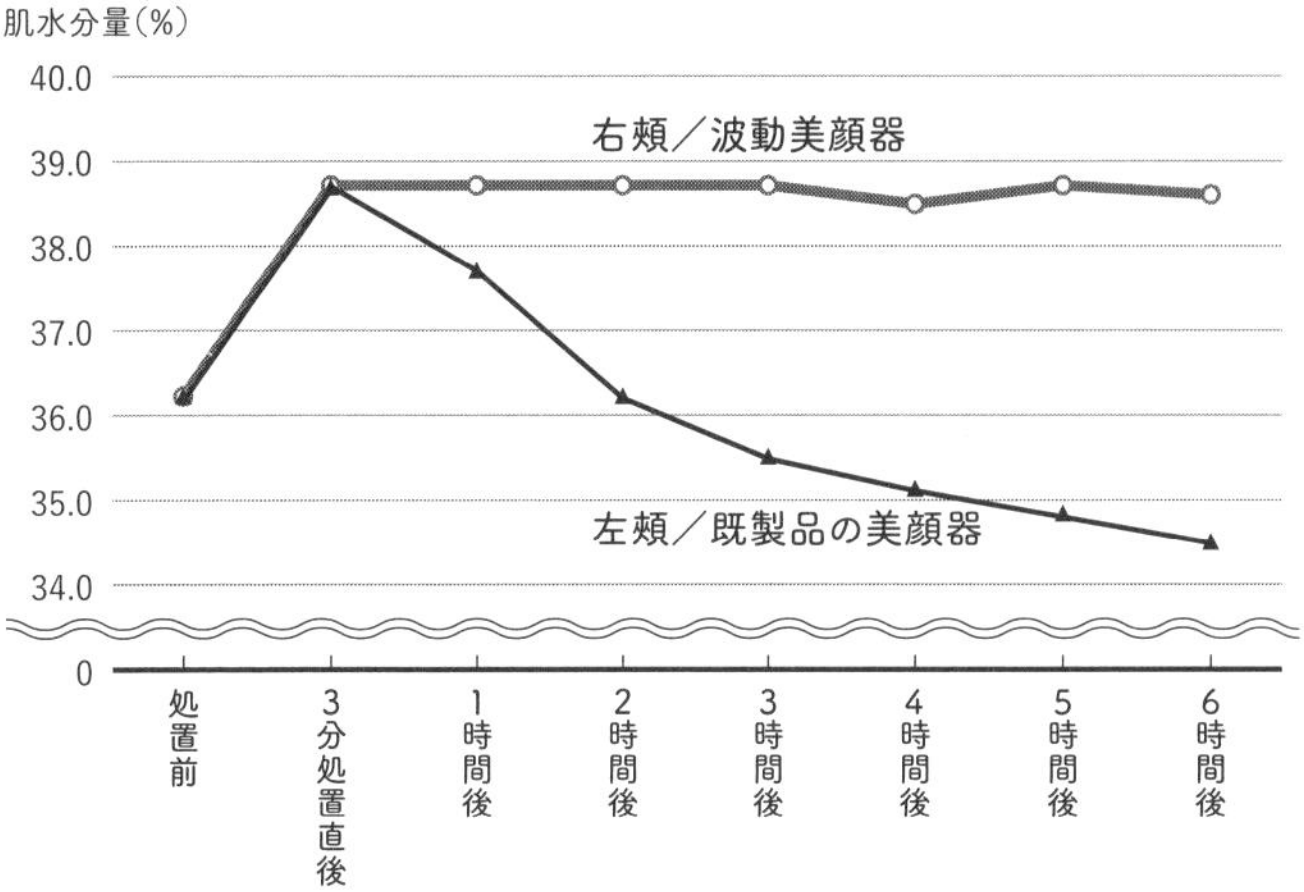

また、肌の水分量が増え、その状態が続くことも確かめられています。左頬に波動をプログラムする前の既製品の美顔器、右頬に波動美顔器を当て、皮膚水分計で肌の水分量を計測して比較しました。結果は上のグラフの通りです。既製品の美顔器では、時間とともに水分量が減っていくのに対し、**波動美顔器を使うと、六時間たってもほぼ同じ水分量を保っています。**

人間は本当に七つのエネルギー体で構成されているのか、波動との関係はどうなっているのか、科学的な解明はまだなされていません。しかし、波動製品に何らかの力があることは、このように結果として数値で出ているのです。

ソマチッドと波動の世界

「波動」と同様、現代科学では存在を疑問視されている**「ソマチッド」**という生命体をご存じでしょうか？　ソマチッドとは、在野の生物学者ガストン・ネサンが一九五〇年頃に発見した、**細胞よりもはるかに小さな生きた有機体**です。

ソマチッドはネサンが開発した特殊な顕微鏡でないとはっきりと確認することができません。ネサンによると、ソマチッドは植物の樹液、動物の血液、人間の血液の中で活動しています。彼は観察と実験を続け、ソマチッドだけを取り出して培養することに成功しました。その結果、驚くべきことがわかりました。ソマチッドは棒状形体、二重胞子を持つバクテリア形体、粒状の二重胞子を持つバクテリア形体、球状の細菌形体、酵母形体、子嚢《しのう》胞子形体、菌糸形体など、決まった順番で一六段階に変化して一周するサイクルを持っており、さらに、**どうやっても殺すことができない**のです。

ソマチッドは、摂氏二〇〇〇度の高熱、五〇〇〇シーベルトの放射線、強烈な酸、紫外線、大量の抗生物質などに晒《さら》しても、まったく死なないとされています。放射線を当てた場合はかえって活性化します。ソマチッドは周囲の環境が極端に悪化すると石のように固い殻を作って中に閉じこもり、環境がまた良くなると元に戻ります。また、健康な人の血液内と病気の人の血液内では、見られる形体や動きがまったく違います。**血液中のソマチッドの形体や動きを観察することで、その人の健康状態もわかる**のです。ネサンは、ソマチッドは生命が最初に分化した具体的な形態であり、エネルギーの具現であるという結論に達しました。

Ｓ氏の製品の中のいくつかにはソマチッドが入っています。ある製品は、特殊鉱石、太古の化石、ケイ素九〇％鉱石を、高温で殺菌し、強酸で溶解したミネラル溶液を使用して作られています。特殊な顕微鏡とカメラを使ってこの液体を撮影すると、生き物のように動く無数の粒子が確認できます。これだけ殺菌しているので、菌の動きではありません。これこそがソマチッドです。Ｓ氏はソマチッドを撮影できる技術を持っており、その映像をＹｏｕＴｕｂｅに投稿しています。この製品に効果があるのは、含まれるソマチッドに何らかの特徴があるからかもしれません。

Ｓ氏は研究室で夜遅くまで仕事をしていたとき、カップラーメンを食べた後、気分が悪くなったので、自分の血液を採取してソマチッドの様子を確認しました。赤血球の形はいびつで、ソマチッドは数が少なく動きも弱っているようでした。その後、Ｓ氏は自分で開発した波動製品を三十分間握り、再び血液を採取して確認しました。気分が回復したうえ、赤血球が丸くなり、ソマチッドの数は一〇倍に増え、その動きも活発になっていたのです（口絵参照）。その変化を記録した動画もＹｏｕＴｕｂｅにあります。**波動の影響がソマチッドに現れた**といってよいでしょう。ですが、波動もソマチッドもオカルト扱いされている現在では、この事実で万人を納得させることは難しいかもしれません。未踏科学の困難はここにもあるのです。

私の会社の製品にはソマチッド入りのものや、ソマチッドに影響を与えるものがあり、それを謳っているので、お客様からソマチッドの存在を疑われることがあります。ソマチッドが存在するのであれば、テレビや新聞などのマスコミが情報を発信しないのはおかしいのではないか、という疑問です。私には詳しいことはわかりませんが、ソマチッドはオカルトと思われているから無視されているのかもしれず、意図的に隠されているのかもしれません。ですが、私はそれでよいのだと思います。**「本当の真実は裏の世界にある」**というのが、私の信条だからです。

体の歪みを矯正する鉱石

筋肉は基本的には脳からの電気信号によって動きます。電気信号は、赤ちゃんの頃は癖がありません。利き腕や利き目などができあがってから、左右のバランスに偏りが起こります。左右のバランスが崩れた状態のまま長い年月を過ごすと、腰痛、肩こり、偏頭痛などの症状が起こります。また、年齢とともに脳から発生する電気信号に徐々に狂いが生じます。そのため、年をとると平衡感覚が鈍くなり、転びやすくなるのです。お年寄りの骨折は寝たきりになるケースもあり深刻です。一流のプロ野球選手でも年とともに三振することが多くなるのは、脳から発せられる電気信号と関係が深いのでしょう。

波動は脳からの電気信号に作用し、筋肉に影響を与えるといわれます。例えば、怖いものを見ると私たちの体は無意識に硬直します。ヒーリング音楽を聴くと筋肉はゆるむ方向に向かいます。それは、万物から発せられる波動にあなたの体が反応しているのです。また、特殊鉱石には低周波の波動を出すものと高周波の波動を出すものがあり、**高周波はアウターマッスル（表層筋）に、低周波はインナーマッスル（深層筋）に影響を与える**と考えられています。

この原理を利用したサポーターも開発されています。夜寝ている間に両足に巻いておくだけで、体の歪みを矯正してくれるというものです。サポーターに埋め込まれた特殊鉱石から常時発生する低周波の波動がインナーマッスルに影響を与え、姿勢が改善されるのです。

波動の封入と波動のプログラム

私は貧乏な業者とは、基本的に付き合いません。なぜなら説得力がないからです。「引き寄せの法則でお金持ちに！」と書いている人が極貧では笑い話にもなりません。

私と十数年来一緒に仕事をしているマロさんは一日三時間以上働きません。普通の方の三分の一くらいしか働きませんが、お金に困っている様子はまったくありません。二〇一七年には一〇〇〇万円もする外国車をキャッシュで購入しました。彼は一瞬の集中力が高く、必ず天界からの許可を得ることで、すばらしい製品を作っているそうです。**お金は稼ぐのではなく引き寄せる**のです。

波動を操ることができる人たちは、物体に特定の波動を封入し、お守りや健康グッズ、波動製品を作っています。しかし、マロさんによると、この方法ではいくつかの問題が必ずつきまといます。封入した波動が時間とともに減衰して抜けていってしまうこと、近くに強力な波動を持つものがあるとその影響により特に悪い方に変化しやすいこと、波動を込める人がある種の反作用の影響を受けてしまうことなどです。

マロさんは、これらの問題を回避するために、物体に波動を「プログラム」するという方法を開発しました。物体に波動そのものを封じ込めるのではなく、**物体に刺激が加えられると物体から自動的に波動が発動する**ようにするのです。刺激とは、音、電気、磁気、光などのエネルギーです。プログラム発動方式を使うと、五十年以上の長期にわたって安定して利用でき、ほかの波動の影響を受けません。そして、波動をプログラムされた物体からは強いプラスの波動が出るので、近くに生きるすべての生物に良い影響を与えます。オーディオに応用すれば、音楽信号やリスニングルームの音響特性を改善できます。

波動をオーディオに応用するにあたり、マロさんは水晶に波動をプログラムしました。まず、スピリチュアル的にも良いとされるモーツァルトの楽譜の波動をプログラムして試聴してみると、非常に良い結果が出たそうです。その後も音楽をもっとも良くする波動を探して試行錯誤し、たどりついたのが「ひふみ祝詞《のりと》」でした。ひふみ祝詞の波動をプログラムした水晶をオーディオルームに置き、音楽を流すと、**水晶からひふみ祝詞の言霊《ことだま》の波動が発動し、すばらしい音響になる**のです。

ひふみ祝詞とは、一九四四年に書かれた「ひふみ神示」という預言書に書かれている祝詞です。ひふみ神示は、日本神話で天地創世の始めに出てくる「国常立尊（クニトコタチノミコト）」を中心とした神様からの言葉をまとめたものとされています。書いたのは、神道研究家で画家でもある岡本天明という男性です。天明は子供の頃から霊感が強く、神霊の姿を見たり、声を聞いたりしていました。天明は一九四四年に千葉県の麻賀多《まかた》神社を参拝しますが、そこで突然右腕に激痛が走り、啓示を受けて預言書を書きました。

ひふみ神示が広まったきっかけは、第二次世界大戦の敗戦が予言されていたことです。ほかにも、数多くの地震、天災、戦争について予言されており、阪神・淡路大震災や東日本大震災と考えられるような記述もあります。現代に関わることでは、富士山が噴火する、北からロシア軍が攻めてきて日本が占領されるといったことが予言されています。さらに終末について書かれた部分もあります。

このような内容の預言書に書かれた祝詞が音楽的に良い波動を持っているのは意外な気もしますが、オカルト扱いされているものの間には何らかのつながりがあるのかもしれません。

止まって浮かぶ飛行機

昔私が勤めていた会社の上司は、東京都立航空工業高等専門学校（現・東京都立産業技術高等専門学校）を卒業した方でした。その上司から、飛行機の原理はまだよくわかっていない部分がたくさんあり、実は安全率を考えるととても平常心で安心して乗れる物ではないという話を聞かされたことがあります。仕事の関係で、やむを得ず飛行機には何度も乗りましたが、いつもその話を思い出し、怖い思いをしていました。

私は文系の人間ですから、物理学など高校程度の知識しかありません。そんな中、テネモス国際環境研究会の故・飯島秀行さんに出会い、飛行機というものがますます理解できなくなりました。

飛行機がどのような原理で飛んでいるのか。確か高校の物理の授業ではこう習ったはずです。飛行機の翼は下面よりも上面の方が膨らんでいるため、上面の空気の流れの方が速くなり、上面の空気圧が下面の空気圧より小さくなって揚力が生まれるからである。大体このような説明です。

しかし、飯島さんが作った飛行機はこの理論とは異なるものでした。飯島さんの理論で作った飛行機は、エンジンの振動を翼に伝え、空気のクラスターを小さな状態にしながら飛ぶそうです。**その飛行機は、空中で止まっていることができ、浮遊しながら自在に移動できます。**

この理論は、気球が空を飛ぶときの理論の応用だそうです。気球はガスバーナーで空気を暖めて、空に浮きます。空気は暖めると軽くなるので浮力が生まれ、空に舞い上がります。ここまでは一般的な現代科学です。しかし、テネモスの理論によると、気球内の暖めた空気はクラスターが細かくなっているので、空気中のクラスターが細かくなっている層と同調してその高さまで舞い上がっていくのだそうです。そのクラスターの原理を利用して飛行機を作ると、このような動きになるそうです。

その話を聞いた瞬間、授業で教わったことのない理論に強い衝撃が走りました。しかし、実際にＵＦＯみたいな動きをする飛行機の映像を見せられると、確かに納得してしまうのです。「飛行機は空中で失速すると揚力を失い墜落する」「飛行機には飛んでいられる最低速度がある」という理論と合致しません。テネモスの理論は常識では理解できないと思いました。

通常の航空力学と違ったアプローチで製作した飯島さんのラジコン飛行機は『ラジコン技術』（電波社）二〇〇四年一月号でも特集されました。

私がテネモスとお付き合いするようになったのは、テネモスの事務所が私の自宅から歩いて三分のところにあったからです。駅の近くに「自然石鹸販売中」という幟《のぼり》がありものめずらしげに、ふらっと立ち寄ったのがきっかけでした。

そのとき、当時テネモスネットの社長だった釘本さんから、あまりにも奇妙なものを見せられました。**電池を使っていないのに、電極板を水につけただけでプロペラが回転し出した**のです。電極板についている水が乾燥するとプロペラの回転は止まります。私はその様子をスマートフォンで撮影してＹｏｕＴｕｂｅにアップロードしました。

私はその後、飯島さんからたくさんのことを学びました。テネモスでは、自然から学び、自然のメカニズムを理解し、現在の学問や常識では説明できない事象を具現化、実践しています。その考え方にすっかり賛同してしまった私は、テネモスの製品の販売を始めました。

今の時代は、格差社会、貧困などさまざまな社会問題が深刻化しています。しかし、**これらの問題はすべてお金というものを価値基準として考えているから**なのだと思います。私がテネモスを好きなのは、そのような価値観とは違う方向に行っていると思えるからです。

二〇一一年、私がテネモスに行ったときには、外に太陽光パネル、中に大量のバッテリーがありました。悲惨な原発事故があったのだから、電力会社に頼らず、エコロジーを推進しているのだろうと思ったのですが、話を聞くとイルミネーションが目的なのだそうです。確かに、私の家とテネモスの事務所の最寄駅の周りにはお店などがなく、夜になるとすごく暗いのです。暗いから会社帰りの通行人に対して、「いつも仕事お疲れさま」という気持ちを伝えたいのだそうです。太陽光パネルやバッテリーだけでおそらく数百万円はかかっていると思うのですが、通行人を喜ばせるためにそんなにお金をかけるのかと驚きました。

その後まもなくして、駅の側にこぢんまりしたアパートらしきものが建設されました。実は、その建物はテネモスの社員寮でした。テネモスはおそらく十人もいない組織ですが、社員寮を作るというのは驚きでした。家を建てるには数千万円のお金がかかるはずです。

私がテネモスから仕入れる商品は、段ボールに無造作に入っているだけです。お客様に商品を送るときは私が梱包して発送していました。普通の企業なら、パッケージやパンフレットにお金をかけます。テネモスはまったく逆です。その後、敷地内に二つの診療所を作るなど、普通の人には理解できないようなところに贅沢にお金を使っているのです。

私も経営者ですから、会社を経営するためには売上や経費など、考えてしまうことがたくさんあります。ですが、テネモスのあの空間に入った瞬間、お金の心配など忘れてしまうのです。これはとても不思議な感覚でした。心が癒されるのです。だから飯島さんの講演にはあんなに人が集まるのか、と私はしみじみ感じました。

ブータンは「国民全体の幸福度世界一」といわれています。しかし、実際の経済的な側面からいえば、日本の方が水準は上だという話です。飯島さんと出会い、私は「本当の幸せとは？」ということを深く考えさせられました。

第3章

波動から
スピリチュアルへ

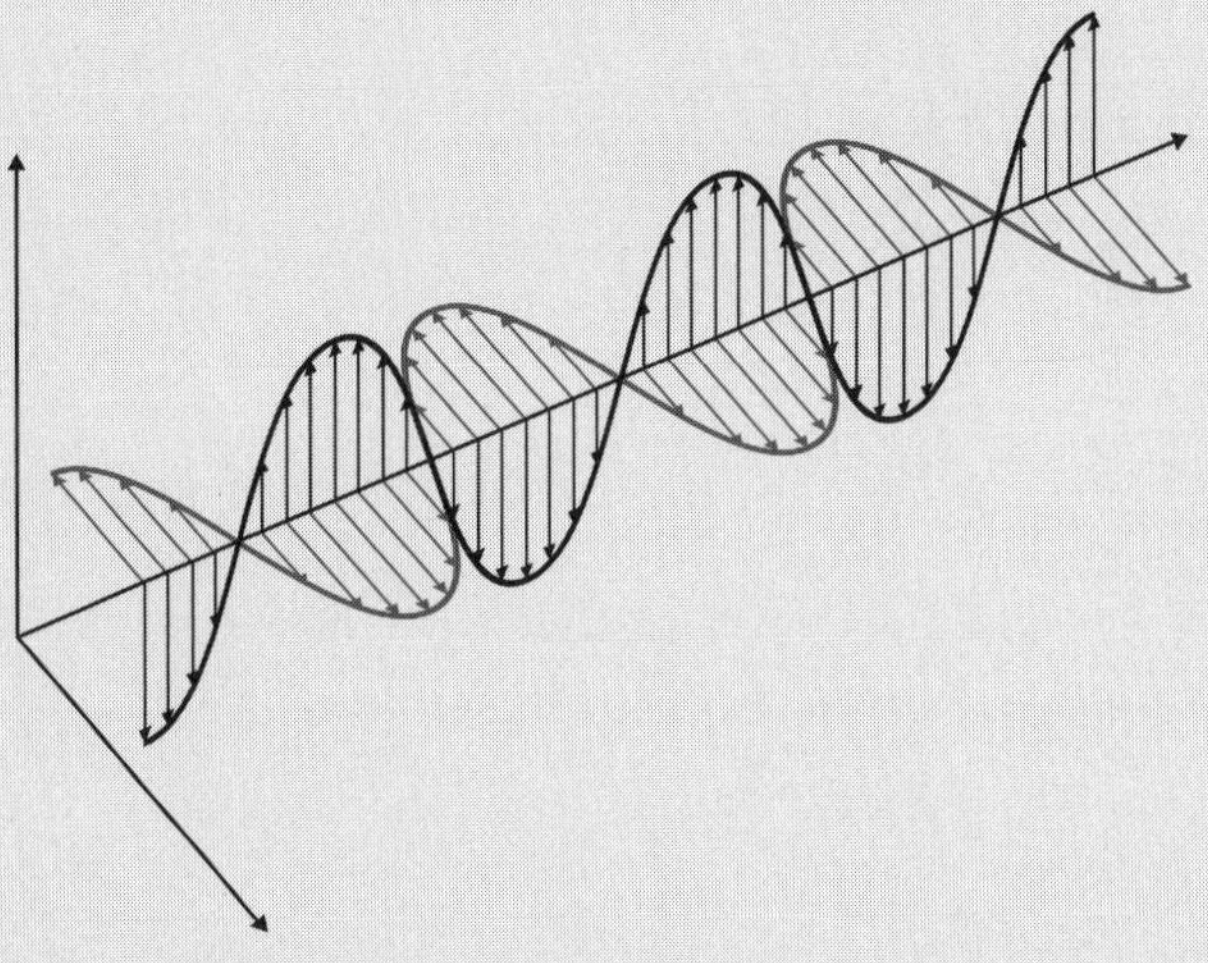

スピリチュアルとは何か

老若男女に人気のパワースポット巡りをはじめ、昨今では多くの方が「目に見えないもの」に興味を抱いているようです。「スピリチュアル」という言葉も、テレビ、雑誌、ネットメディアで特集されるなど、広く浸透しつつあります。

そもそもスピリチュアルという言葉は、英語の「spiritual」という形容詞が元になっています。この言葉には「超自然的な」「魂の」「精霊の」など複数の意味がありま す。海外では宗教的な意味合いも含まれているようですが、日本ではどちらかといえば、霊的・精神的な意味合いで使われているようです。スピリチュアルとは、精霊や守護霊、ヒーリング、チャクラ、前世などの「目に見えない世界」の話です。**スピリチュアルな考え方では、私たちは目に見えない世界の力により導かれ、精神的な気づきや成長を与えられます。**自分という存在が大自然の一部であると感じるのも、愛や命を大切にするのもスピリチュアルです。

目に見えない存在にはあまりなじみがないと感じる方もいるかもしれませんが、実は誰もがそれらと接点を持っています。

科学技術によりめざましい発達を遂げた現代社会においては、「科学的に説明できるものだけが正しい」という考え方が主流となっていますが、それでも科学的に説明できることには限りがあります。例えば、死んだ後の人間は、それからどうなってしまうのか？　このような疑問は、現代科学では解決できません。それに対して**スピリチュアルとは、まだ人間には完全に理解できない、答えの出せないものを広く受け入れる領域**だといえるでしょう。

ふと人生の途中で立ち止まったとき、これまでに自分が選んできた道を振り返って自信が持てなくなったとき、自分という存在はいったいどんな意味を持ってこの世に生まれてきたのかと悩んだときなど、大きな迷いの中にいるときに、心を開いて目には見えないものを受け入れると、スピリチュアルな世界からのメッセージに気づいて未来を変えることができるかもしれません。スピリチュアルな世界は、目には見えませんし科学的に証明もできませんが、いつでもあなたのすぐ前に開かれています。

スピリチュアルという考え方によって、科学だけにとらわれない、広い世界を受け入れたら、より幸せに生きることができます。幸せになるためには、科学的な裏付けは必須ではありません。ですので、スピリチュアルな考え方の多くは科学的な説明なしに語られています。とはいえ、そのような現象の背後には何らかの法則があるのかもしれず、未踏科学がいつかは解明するかもしれません。この章では、未踏科学がまだ踏み込んでいないスピリチュアルの世界をご紹介します。

スピリチュアルとの上手な付き合い方

スピリチュアルは、上手に付き合えばよりよく生きることができますが、下手をすると依存してしまったり、悪い人間に騙されたりしてしまいます。スピリチュアルを取り入れるための注意点を列挙します。

- 洗脳や霊感商法から身を守る唯一の方法は、信じることではなく見極めることである。
- スピリチュアルの理解を深めるためには、疑いと批判精神を持つことが重要である。

●占い、引き寄せの法則、アセンションなどはインチキなものが多いが、ごく希《まれ》に効果の高いものもある。
●世の中の大多数の事象は現代科学で解明できるが、解明できないものもある。それが「未踏科学」の領域。
●宗教もスピリチュアルであり、明確に区別することはできない。
●宗教が人々の心に深く浸透した理由は、社会に不条理が満ちあふれているからである。
●親が子を思う「無償の愛」が善のスピリチュアルの代表的な概念である。
●自然災害などによる深い悲しみから立ち直る唯一の方法は、考え方を修正することである。
●人には無限の可能性があるが、その可能性を引き出す唯一の方法は「自分が変わること」である。スピリチュアル製品とはそのきっかけを作るものである。
●どんなにすばらしい製品でも、それを持った瞬間から「バラ色の人生」になることはない。
●スピリチュアルの概念は人類が滅亡しない限り永遠に続く。

スピリチュアル的な座標軸

私の知り合いの女性の旦那さんは定年退職して退職金をもらいました。間もなく、証券会社から電話があり、資産運用で財産を増やすことを提案されました。とても有名な大手の証券会社だったこと、営業マンがとても親切だったこともあり、退職金の一部を株に投資しました。すると一年もたたないうちに、資産運用に失敗して一〇〇〇万円ほど損をしたそうです。

なぜ旦那さんは損をしてしまったのでしょうか？　相手のペースに乗って相手の言うことをすべて信用してしまった、自分が株の運用についてまったく知識がなかった、お金の欲望に負けてしまった、などの理由がありますが、最終的な結論からすると「自分の軸で物事を考えられなかった」ということなのだと思います。

もう一つの例です。投資会社のセミナーで次のような話を聞きました。何十冊もFX（外国為替証拠金取引）の本を書いている有名な先生がいます。ある人がその先生の自宅に招かれた際、「FXはどのように儲けているのですか」と質問をすると、その先生は「FXなんてほとんど儲からないので、自分はやらない」と答えたそうです。質問者は「FXをやらないのに、FXの本を何十冊も書けるのか」と良心を疑ったそうです。その先生の本を読んでFXを始めた読者はどう思うのでしょうか。

現在のように情報が氾濫する世の中で大きな失敗をしないためには、「スピリチュアル的な座標軸」を持つことがとても大切だと思っています。スピリチュアル的な座標軸を持つとは、**人の肩書や見かけを判断の基準にするのではなく、他人の心の奥底にある善や悪の心を見抜く基準を自分の中に持つ**ということです。「スピリチュアルはあやしい世界だ」と見かけで判断して疑っている人よりも、スピリチュアル的な座標軸を持って柔軟に取り入れていく人の方が成功する可能性は高いと思います。だから本当に偉大な人はスピリチュアル的な座標軸を持っていると考えています。

成功する人は、根拠のない自信を持っています。成功できない人は、根拠のない不安をいつも抱えています。スピリチュアル的な座標軸を持てば、根拠のない自信が湧いてきて、お金の欲望にも、権力の欲望にも、性の欲望にも負けません。そして、凛とした人生を歩み続けることができます。

二十一世紀に生きる私たちに一番必要なのは、お金や肩書など上辺の幸福を追求することよりも、スピリチュアル的な座標軸を持って生きることです。だから私は、一生お金持ちにはなれないような気がします。

潜在意識にアクセスして夢をかなえる

普段私たちが何気なく使っている「意識」という言葉があります。意識には「顕在意識」と「潜在意識」があるのをご存じでしょうか？　自覚している意識を顕在意識、自覚していない意識を潜在意識といいます。

何かを考えるときに頭の中に浮かんでくる考えは顕在意識です。潜在意識は、心の奥底に眠っている「想い」です。スピリチュアルの世界では、**潜在意識は良くも悪くも「想っていることを現実にしてしまう」**といわれています。

例えば、現在お金持ちの人が顕在意識で「自分は金持ちだ」と思っていても、潜在意識で「いつか貧乏になるかもしれない」と想っていると、将来的には貧乏になってしまうということです。

寝ているときと起きているときの間にある状態、簡単にいえば寝る瞬間の意識状態を「トランス状態」と呼び、この状態になると潜在意識にアクセスできるといわれています。スピリチュアルの世界では、**意図的にトランス状態にして潜在意識にアクセスし、その潜在意識を変えて良い方向へ導く**方法が使われています。

例えば、アラサーになると、周りの友達が結婚し始めて、自分も結婚を意識しだしているのにいい人に出会わず一人取り残されるのではないかと焦ってくる人も多いでしょう。気持ちはわかりますが、焦ってもいい人には出会えません。まずは「いい人と結婚できる」というイメージを潜在意識に取り込んで婚活することが大切です。

通常、自分の力だけでは自在にトランス状態になったりその状態を保ったりすることは困難です。スピリチュアル製品や、気功、パワースポットなどは、トランス状態になって潜在意識にアクセスしやすくなるように手助けしてくれる道具や方法です。

潜在意識の情報処理能力は、顕在意識のおよそ七万五〇〇〇倍も高いという説もあります。そのため、潜在意識が存分に力を発揮することで、自らが思い描いた理想の人生を生きていると実感できるようになります。ただし、潜在意識は想っていることを現実に呼び寄せるので、弱気になってネガティブに考えるのは危険です。

トランス状態になって潜在意識にアクセスするというと少し怖い気がしますが、実際にやってみると終わった後はリラックスした気持ちになります。潜在意識に良いイメージが届くように心の中で思うだけで夢がかなうのです。

高次元からあなたを守る第三の意識

「第三の意識」というものを聞いたことはありますか？ 第三の意識とは、日常的に使用している顕在意識とも潜在意識とも違う、三番目の意識であり、**すべての人が生まれながらにして持っている、自分専用の守護霊のような、情報を持ったエネルギーの塊**です。

私たちが通常生きている次元とは違う高次元の領域には、より高度な知識を持つ生命体が存在していると考えられています。そのような存在とつながった意識が第三の意識です。高次元の存在とコミュニケーションをとり、妙に勘が冴えていることをスピリチュアルの世界では「チャネリング」と表現します。チャネリングは特殊な訓練をした人や生まれつき才能のある人だけができると思われがちですが、それは間違いです。実のところ、**私たちは日常生活の中で、無意識では第三の意識と深く交信をし**

ています。ただし、第三の意識とのつながりの強さには個人差があります。

第三の意識は細胞と会話をしています。そして私たちの生死と直結します。もし自分が本当に危険で死にそうになったとき、第三の意識はあなたの細胞に危険を伝えています。ある程度長く年を重ねていると、二、三度くらいは死にかけたことがあるのではないでしょうか。なぜあなたは死ななかったのか？　第三の意識が自分を守ってくれたからです。死にそうになったとき、心の中から「すぐに逃げなきゃ！」と生きるためのアドバイスをもらった経験がある方もいるかもしれません。そのとき幸運にも第三の意識をうまくキャッチできた人が生き延びているのです。

「事故にあう寸前に意味不明な行動をして危険を回避した」「旅行をキャンセルしたら目的地が災害に見舞われていた」「医者から余命一年以内を宣告されたにもかかわらず、理由もなく治ってしまった」……。このようなことは奇跡と呼ばれますが、本当は奇跡などではありません。第三の意識と深くつながった瞬間、死ぬ世界から生きるパラレルワールドへと移動しているのです。

人の意識が突然変わるのは、第三の意識による自己防衛本能だと考えられます。突然ダイエットを始めるのは糖尿病予防、突然タバコをやめるのはがん予防、突然会社を辞めるのは過労死予防、突然食べ物の好みが変わるのは成人病予防、突然親交を絶つのはストレスの予防です。このように、意識が変わるとき、自分では気がつかない間に第三の意識と体内の細胞が会話しているのです。第三の意識とは、いざというとき自分を守ってくれるお守りのようなものだと思ってください。

第三の意識とつながりが強い人は、強運の星の下に生まれてきた人でもあります。強運の持ち主は、死にそうなくらいピンチに陥っても必ず切り抜けられ、「間違った」と思っても最終的には結果オーライになることが多く、偶然に金持ちや実力者に巡り会える機会が多く、異性との出会いで不自由したことがなく、それほど働かなくてもお金に困りません。このような人は、実際、一万人に一人ぐらいの確率で存在するといわれます。

チャネリングと高次元の存在

チャネリングの方法には、大きく分けて「コンシャスチャネリング」と「アンコンシャスチャネリング」の二種類があります。

コンシャスチャネリングとは、チャネラー自身がはっきりと意識のある顕在意識の状態で行うチャネリングのことです。チャネリングの最中にどんなことがあったかをチャネラー自身が知ることができますが、行うのは難しいとされています。

アンコンシャスチャネリングは、チャネラーがトランス状態になっているときに行われるチャネリングです。別名トランスチャネリングとも呼ばれます。チャネラー自身がチャネリング中に起こったことを思い出すことはできません。日本には死んだ方の霊と交流して、霊の意思を伝えるイタコという霊媒師もいますが、これもアンコンシャスチャネリングに含まれます。

チャネリングで交流できるのは、ハイヤーセルフ、ガイド（指導霊）、守護霊、神様、天使、妖精、精霊、死者の霊、宇宙意識といったものです。

「ハイヤーセルフ」とは高次の自分のことで、何度生まれ変わっても変わることがない魂の本質だとされています。生まれ変わる中で得た膨大な知識を持っています。

チャネリングをすることで、さまざまな知識や未来のできごとを知ることができるといわれています。なぜ未来のことを知ることができるのかというと、**高次元の存在は空間や次元を超越しているから**です。

重要な選択をする際、未来のことがわからないと不安になるかもしれません。何かに迷うことがあったら、チャネリングに挑戦して高次元の存在からメッセージをもらえば、選択の助けになるヒントを得られるかもしれません。

ただし、チャネリングは不安定な精神状態のときに行うと危険なこともあるため、注意が必要です。ネガティブな精神状態でチャネリングすると、悪霊や負のエネルギーに通じてしまう可能性があります。ネガティブな気分のときは、まず精神を安定させることが第一です。

気を封じ込めたCD

中国古来の健康法の一つである気功は、潜在意識の力を引き出すことができるといわれています。**「気」は生命エネルギーそのものを指し、人類がこの世に現れる前からあり、あらゆるものに宿っている**と考えられています。波動と同じような概念といえます。「気功」という言葉はエネルギーの働きを意味し、健康や活力の促進を目指しています。気功には多くの流派がありますが、どの流派にも、「静功」「動功」という二種類が存在します。目立つ動きを伴わない静功と、関節を動かしながら筋肉を強化したり腱を伸ばしたりする動功により、体のバランスを整えていきます。人を本来のあるべき姿にできるだけ近づけていこうというのが、気功の基本的な考えです。

人一倍努力しても成果を出せないのは、潜在意識が眠ったままの状態になっているからです。**気功で潜在意識をコントロールできるようになると直感が働き、これまでうまくいかなかったことが動き始めます。**

目に見えない気を動かす気功には、無限の可能性が秘められています。私の友人の気功家、白鳥鳳山さん（通称ピヨ先生）は、気の新たな使い方を考案しました。ピヨ先生は私が当時店長をしていたオーディオショップに何度か来店してくださり、話をしているうちに友達になっていました。あるとき、ピヨ先生が「気功ＣＤ」というものを作って持ってきて、私の店でモニター販売してほしいと言いました。オーディオショップとは、良い音が出る製品や高音質ＣＤを売っている店なので、ＣＤを販売することに問題はないのですが、その内容を聞いて一抹の不安を感じてしまいました。**気功ＣＤは音ではなく気が入ったＣＤだったのです。**次に掲載する文章は、当時気功ＣＤのモニターを募集したときのブログの内容です（気功ＣＤは現在は発売されていません）。

気功CDモニター募集のブログ

《気のエネルギーが入った無音のCD》

なんと、このCDには音が入っていません。

では何が入っているのか。

それは「気」です。「決して手抜きではありません」。

気だけに今回は気合が入っています（笑）。白鳥鳳山（ピヨ先生）さんが久しぶりにエンゼルポケットに来たとき、デモCDを一緒に試聴しました。

「何だ、この空間のエネルギーの存在は……けっして気のせいではない」と叫びました。でも、ちょっとあやしすぎますね（笑）。

CDを再生した瞬間から、お腹の辺りにエネルギーをビンビンに感じてしまいました。そして数分後、頭の上にエネルギーが抜けていく。そして、ちょっとトランペットを吹くと、明らかに音が違う。その後普通のCDをかけると、それまで聴いていた音が「何だったのだろう」と思えるほど激変。

本当にすごかったのです。
この「世」にも恐ろしいＣＤ」を体験していただける方募集します。早い人順です。

チャクラによる潜在能力の解放

「チャクラ」とは、サンスクリット語で「車輪」「回転」「ろくろ」「円盤」といった意味であり、体にあるエネルギーの出入口を指します。チャクラは、頭頂、眉間、喉、胸、鳩尾《みぞおち》、丹田《たんでん》、尾骨に計七つあります。インドでは「プラーナー」、中国では「気」、欧米では「エネルギーフィールド」と呼ばれています。

人の体には、大地から受け取って宇宙に放たれるエネルギーと、宇宙から受け取り大地に放たれるエネルギーが、螺旋《らせん》状に回転しながら伝わると考えられています。チャクラは「開く」「閉じる」という表現をされることがあり、それぞれのチャクラは独自のエネルギーカラーを持っています。正常な状態のチャクラは時計回りに回転している状態で、エネルギーカラーがはっきりと鮮やかな色を放ちます。チャクラは開きすぎてもいけません。開きすぎると、かえって外界から不要なエネルギーを取り込んでしまうこともあるからです。また、チャクラが閉じている場合は、回転が遅すぎたり、まったく回転していなかったりして、エネルギーが満ちていない状態となります。

チャクラは、気功やヨガ、パワーストーンによって活性化できるといわれています。ヨガに使われる呼吸法「クンバカ」やパワーストーンを使った「クリスタルヒーリング」によって、チャクラが健全な状態に導かれるのです。クリスタルヒーリングとは、各チャクラに対応したパワーストーンを体に置き、チャクラバランスを整える方法のことです。

チャクラで大切なのは、バランスです。七つのチャクラがそれぞれにバランスよく機能していなければなりません。**チャクラを開眼させることで、潜在能力が目覚め、人生が好転して真の人生を送れる**ようになります。表面的な体の健康ではなく、真の健康が手に入ります。真の健康とは、自分以外の人との関わりがスムーズで、しかも愛に満ちている状態のことです。健康の維持には、体（ボディ）、心（マインド）、魂（スピリット）が三位一体となり、満たされている必要があります。

魂の浄化で変わること

私たちは日々生活を送る中で、知らず知らずのうちに魂を汚してしまっていることがあります。思考がお金に支配されているとき、他人と自分を比較して恨めしい気持ちになったとき、他人に依存しているとき、悪口を言われて卑屈になったとき、自分の心の中に潜む子ども「インナーチャイルド」がトラウマを抱えているときなどに、魂は汚れていきます。何をしてもうまくいかない、怒りっぽい、愚痴ばかりが出る、他人の目が気になって仕方なくなるといった状況が続いているなら、それは魂が汚れてしまっているせいかもしれません。そんなとき、心と体は「浄化してほしい」というサインを送ります。魂の汚れは、目に見えません。状況が悪化してしまう前に、こまめに魂の浄化を行うのがよいとされます。

汚れてしまった魂は、浄化することで、人生に良い流れを取り戻し、次のステップへと進むことができます。気持ちがポジティブになり、穏やかな気持ちを取り戻すことができ、人の欠点が気にならなくなります。自然と笑顔が増え、新しい趣味を見つけたり、日々の生活に感謝する気持ちが芽生えたりするのです。

魂を浄化する方法には、いろいろな方法があります。例えば、パワーストーンのゴシェナイト（緑柱石の中で特に無色透明なもの）、ラブラドライトやアクアマリンは、持ち主の魂を浄化し、本来のエネルギーを取り戻す助けをしてくれると考えられています。また、音による浄化も有効です。チベット密教の仏具の一種である「シンギングボウル」や高い周波数を持つ「クリスタルチューナー」の音は、魂に溜まった汚れを取り除くことができるといわれています。ヨガ、ピラティス、アクアビクスといった運動で汗を流すことや、大地のエネルギーが集まるパワースポットを訪れることでも、魂の浄化が促されます。

ここで、マロさんが教えてくれた**スピリチュアル浄化器の簡単な作り方**をご紹介します。麻ひもを用意して三〇cmの長さに切り、先から五cm、一〇cm、一五cmの位置で紐をゆるく結びます。同じものを五本作り、それらの後端をテープで一つにまとめて完成です。先が五つに分かれた鞭状のものができます。コツは三カ所ともに同じ方向にゆるく結ぶことです。結ぶ位置は多少ずれても性能に変わりはありません。

使い方は、一つにまとめた後端を持って、浄化する対象を鞭打つだけです。私はこれを「SMスピリチュアル」と呼んでいます。パワーストーンやCD、中古品、食べ物、飲み物、家電、オーディオ、家の電源から部屋の壁や床まで何でも浄化できます。浄化するとパワーストーンは輝きが増し、食べ物と飲み物は味が優しくまろやかになり、家電、オーディオは性能が上がり、中古品は嫌な感じが消えます。車を長時間運転して眠気が襲ってきたら、一旦停車して自分で背中に鞭打つと、驚くほどすっきりと眠気が覚めます。工夫次第でいろいろと使える道具です。

腸内細菌の法則

自然は、微生物が支配している世界です。地球上の海、山、川、空気、あらゆるところに微生物が存在します。地球上のすべての生命は、微生物と関わりながら生命を営んでいます。私たち人間は、地球上のすべてを支配していると勘違いしているところがあるのですが、本当は人間も微生物に支配されているといえます。また、**集団として見た場合、人間と微生物には不思議な共通点があります。**

私たちの腸内には、人間の細胞よりはるかに多い一〇〇兆個の微生物がいるといわれています。腸内細菌は「善玉菌」「日和見菌」「悪玉菌」の三種類に分類でき、その平均的な存在比は、善玉菌一五%、日和見菌七五%、悪玉菌一〇%といわれます。これを人に置き換えた場合、**善人一五%、普通の人七五%、悪人一〇%**となります。不思議なことに、**この割合は、国、社会、団体、企業など、さまざまな人間の集団にも共通している**ようです。私はこれを「腸内細菌の法則」と呼んでいます。

ポイントは、日和見菌（普通の人）です。これらは時と場合によって態度を豹変させます。「日和見」とは、「有利な方につくこと、形勢をうかがうこと」という意味です。そんな言葉がついた菌なので、善玉菌が強いときには善玉菌側、悪玉菌が強いときには悪玉菌側になってしまうという菌です。一見普通の人に見えても、時と場合によって態度を豹変させる人は結構います。特に企業や団体では悪い人がリーダーになると、元々は普通の人だった社員やメンバーも悪い人間になっていくものです。

一般的に、善玉菌二〇%、日和見菌七〇%、悪玉菌一〇%の割合が理想とされていますが、基本的には、どの集団も善人一五%、普通の人七五%、悪人一〇%の割合だと考えられます。どこの国でも、社会的な地位が高い医者、弁護士、政治家、教員でも、この比率で良い人と悪い人がいます（極端に小さな組織の場合、比率は変化するかもしれません）。そう考えると、相手が医者や政治家であっても、偏見を持ったり自分が卑屈になったりする必要はまったくありません。

だから、見極めが必要です。医者や弁護士の言うことだから信用できるなど、多くの人は肩書で相手を信用しますが、「腸内細菌の法則」に当てはめると、肩書だけでは信用できないことになります。**これだけ情報があふれている時代では見極める能力が一番大事なことになっていく**でしょう。

私には一つの信念があります。「良い製品であるかどうかよりも、良い人が作った製品であるかどうかの方がはるかに重要」。これからも、良い人が作ったちょっとマニアックな製品と情報をお届けしたいと思います。

サイコメトラーになる方法

物をなくすと、見つかるまで気が気ではないですし、見つかるまでの時間がもったいないものです。なくしたものがすぐに見つかる体質になれたら、こうした悩みは解決します。「サイコメトラー」と呼ばれる方々は、このような体質を持っています。

サイコメトラーとは、透視能力の一つ「サイコメトリー」という能力を持っている人です。海外などでは日本よりも活躍の場があります。日本でも近年テレビ番組などで彼らが捜査に加わって事件を解決するシーンをよく見かけるようになりました。

サイコメトラーは、物体の「残留思念」を読み取る能力に長《た》けています。**物体には、持ち主がその物体に触れていた時間に体験した、もっとも印象的な記憶が残留思念となって残っている**とされています。サイコメトラーはそれを感じ取ります。川や湖など水に関連する場所は特に残留思念が読み取りやすいのも特徴です。

サイコメトリーは一般的な人も、訓練で後天的に身につけることができます。サイコメトリーの能力は男性で一〇人に一人、女性では四人に一人の割合で持っているという見方もあります。ただし、この能力に気づかないまま一生を終える人がほとんどです。実際に能力を持っているかどうかにかかわらず、**訓練として残留思念を読み取るプロセスを体に覚え込ませることが大切**です。大きな事件を解決する機会はないかもしれませんが、なくしたものがすぐに見つかるだけでも生活は豊かになります。

サイコメトラーに近づくための方法で、もっともポピュラーで取り組みやすいのは、まずは単純に記憶力を鍛えることです。身の回りからランダムに一〇から一五個程度選んだ物と、大きな布や板を用意します。まず、選んだ物をテーブルなどに並べ、一分間じっと見つめてください。次に、それらの物を布や板で遮って見えなくします。その状態で、自分がいくつ覚えているか試してみてください。クイズのような訓練ですが、この繰り返しで記憶力は徐々に高まり、直感も働くようになります。

物と直感をつなげる練習も効果的です。この訓練は、まず自分以外の誰かが愛用しているアイテムを一つ選び、手に取ります。その人のエネルギーを強力に感じ取れる方がいいので、時計など日常的に使っているものが望ましいでしょう。次に、目を閉じてそのアイテムから手に伝わるエネルギーを根気強く感じてみてください。徐々にあなた自身の持っているエネルギーと、感じ取れるエネルギーとを重ねていき、直感的にフッと想起されるものが出てくるまで集中します。このとき直感されるものは、言葉やイメージ、匂い、アイディア、肌触りなど多種多様だということも覚えておいてください。そして、どんなに些細《ささい》なことであっても、記録します。十分に感じ取り、記録したら、読み取ったことがどの程度正確だったか、事実と照らし合わせてください。

物を記憶して脳裏にしっかり思い描く能力と、物から何かを感じ取り、直感を信じて読み取る能力を日頃から鍛えることで、サイコメトラーのような能力は徐々に開発され、なくした物も、すぐに見つかるようになるでしょう。

カタルシスとマインドフルネス

日常の生活に足りないものを感じてモヤモヤするときは、一度感情を解き放って心を浄化するのが効果的です。これを「カタルシス」といいます。物悲しい音楽を聴いたときにフッと涙があふれることがあるのは、自分でも気づかないうちに蓋《ふた》をして蓄積していた悲しみなどの感情が、その音楽に共鳴し、心が解放されたからです。このように、**精神的な負担を積極的に表に出すことで心を浄化することができます。**

音楽や映画にはカタルシスの効果があります。自分が好きなアーティストの音楽を聴いて涙を流したことがあるなど、カタルシスに効果的な一曲を持っていると安心できます。ただし、心が共鳴するものはそのときどきによって異なるため、いつも同じ曲でカタルシスを感じることができるとは限りません。そんなときは、それまではあまり興味がなかった内容、映画であればレンタルショップなどで直感的に惹かれるものを探して手に取ってみるのもおすすめです。

自分の感情と向き合い、心の奥でくすぶっているモヤモヤとした感情は、蓋をせずに自分で認めてあげ、積極的に解き放つことで心の健康を保てるのです。

心を整える方法としては、カタルシス以外にも「マインドフルネス」と呼ばれる瞑想がとても効果的です。マインドフルネスでは、**ゆったりと精神を落ち着かせて自分の呼吸に集中することで、思考をクリアにし、精神力を鍛えます。**散漫になっていた注意力を一点に集中し、自律神経を整えることができるので、副交感神経が優位になって体の中のストレスが軽減し、免疫力が高まります。

カタルシスで精神的な負担を解放したりマインドフルネスで雑念を振り払ったりすれば、これまで見えなかったことも視界に入ってくるようになり、小さな幸せにもっと気づけるようになります。

幸福を引き寄せるシンクロニシティ

「シンクロニシティ」という言葉はご存じですか？　シンクロニシティとは、**因果関**

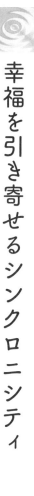

係がないはずなのに意味のある偶然の一致が起こることです。それによって幸運がもたらされることもあります。ある女性の公園デビューを例にこの現象を説明します。

その女性は昔から人見知りが激しく、積極的に友達を作ることができませんでした。しかし、二十代で子どもを出産すると、家族ができたからには新たな人生を歩んでいきたいと思うようになりました。人は、人生の転換期とでも呼べる瞬間を何度か経験します。そのような瞬間は新しい自分に出会うタイミングになります。

子どもが楽しく公園で遊べるような環境を作ってあげるために、公園デビューは大切です。ところが、会話をうまく続けられない女性にとって、公園デビューはストレスを感じるものでした。ましてや三十代で母親になる人たちが多いこの時代に、二十代の母親は珍しく、周りにいる母親にママ友になってもらえるかも不安です。

迎えた公園デビューの前夜。なぜか学生時代に仲が良かった友達とママ友として再会するリアルな夢を見ました。そして公園に行くと、まさに、その友達とママ友として再会する奇跡が起こるのです。それがきっかけで、公園で過ごす時間は、彼女にとって育児の話や相談ができる、かけがえのない大切な時間となりました。また、公園デビューに成功したことで、学生時代の友人以外にも仲良しのママ友がたくさんできたうえ、しり込みしていた性格が嘘のようになくなってしまいました。人見知りだった女性の姿は今はどこにもありません。

このように、因果関係がないのにもかかわらず、予知夢を通して偶然のできごとが起こり、人生が一変することがあります。これは、シンクロニシティが働いたことで幸福をつかんだ瞬間ともいえます。なぜそのようなことが起こるのかは現代科学では解明できません。

また、**シンクロニシティは意図的に引き寄せることもできる**といわれています。引き寄せるには、まず意識することです。実はちょっとしたシンクロニシティはたくさん起こっており、それに気づくことでもっと大きなシンクロニシティを引き寄せられると考えられています。

運命の相手と出会うには

魂のつながりによって巡り会うといわれているのが、「ツインフレーム」や「ツインレイ」という、いわゆる「運命の相手」です。ツインフレームとは、今世で共に生き協力し合う存在、ツインレイとは、魂の成長が十分進んだ段階で巡り会う究極の存在とされています。重要なのは、「運命の相手に巡り会ったら幸せになれる」という順番ではないということです。運命の相手に過度な期待をする前に、まずは自分の内面を見つめ直すことが必要だという考えが背景にあるのでしょう。

スピリチュアルの考え方によると、**魂は今の肉体を持つ前に何かしらの目標を設定して今世に生まれてきています。**しかし、その目標がどのようなものであったのかは、生まれた際にすべて忘れてしまいます。人との出会いはすべてが必然であり、苦しみも悲しみも幸福も、魂があらかじめ「体験する」と決めていることです。

運命の相手が異性であれば、男女としての関係に発展する場合もあるかもしれません。しかし、男女関係も夫婦関係も、幸福の裏に試練があります。幸福と試練は、表裏一体です。また、出会ったからといって、必ずしも結婚に至るとは限りません。その人とは、何かを学び合う必要があって出会います。気が合う場合もありますが、まったく気が合わない場合もあります。どんなに気が合わなかったとしても、前世で何かしらのつながりがあったり、同じ魂の片割れであったりするのです。

運命の相手と出会うためには、とにかく「感謝を意識しながら生きる」を実践する

ことです。例えば、私たちの体に悪さをするウィルスや病原菌にすら、感謝はできます。それらの存在は、人間に気づきをもたらすため働いてくれているのです。感謝をすることで、魂は成長できるのです。本来、感謝の気持ちは気づきとともに湧き上がってくるものなので、常に感謝するというのは難しいと思います。しかし、すべての存在に感謝するという意識をいつも持っているだけでも違います。

スピリチュアルの専門家が陥る落とし穴

山崎さんの知り合いに、ずば抜けた才能を持つ超能力者がいました。医者、弁護士、大学教授などから頼りにされていた人物です。あるとき、付き合いの長い医者から、ある患者の病名がどうしてもわからないので、手助けしてほしいと頼まれました。超能力者は情報が上から降りてくると、頭の中にプラカードのような物が浮かんで、そこに文字が映し出されるそうです。降りてきたアルファベットを紙に一つひとつ書いていくと、その超能力者本人には読めない単語だったのですが、医者はドイツ語の病名がわかったそうです。ただ、山崎さんはその超能力者に一つ忠告していました。**特殊な能力をいつも最大限に使用していると命が短くなる**というのです。その数年後、超能力者は亡くなってしまったそうです。

山崎さんによると、**特殊な能力は自分の才能だけに頼らず、道具もうまく使った方がよい**のです。そうでないと自分の命を削ることになってしまいます。道具に頼り、自分の能力を発揮できる道具を探すことも能力者の才能です。占い師が疲れやすく、集中力が続かなくなるのは、お客様からエネルギーを取られている証拠なのだそうです。生身の人間はエネルギーが無限ではありません。道具をうまく使うことで、プラスのエネルギーをお客様に与えることができます。ある女性占い師は、山崎さんに相談し、弊社で扱っている製品を購入して回復したそうです。結局プロでも肝心なところがわかっていないケースが多いのです。医者が波動製品に頼るケースもたくさんあります。それは病気の患者さんから「不浄なるエネルギー」をもらってしまい、自分の健全なエネルギーを吸い取られているからだといいます。

株式会社白姫ラボでは「地場修正」というものを行っていました。地場修正とは、気が枯れてしまった土地を修正して生命力が盛んになる土地へと変える技術です。

地場修正の依頼主は普通の家庭が多いのですが、意外とお寺からの依頼もあるのだそうです。夜中にガタガタ音がしたり、見てはいけないものを見てしまったりするのです。地場修正した後は、見てはいけないものが出なくなったという報告が数多くあります。毎日お経を読んでいるお坊さんは人を成仏させることが本分であり、成仏できなかった人を何とかするようには教わっていないことが多いからかもしれないとのことです。

人によっては、波動を感じたり使えたりすることは大きな負担になってしまいます。逆に、波動を使える人が使えない人に対して優越感を抱くこともあります。Ｓ氏は、波動との向き合い方についても注意しています。波動を感じたり使ったりできることは必ずしも幸せではなく、人としてグレードが高いということは絶対にないそうです。

目に見えないものが持つ力

自動車や電気製品は、感情がないため、心のストレスによるダメージは存在しません。しかし、人間には心があるために、ストレスによって病気になります。そしてストレスがとても厄介な存在であるのは、目に見えないものであり、人によって捉え方が違うからです。

なぜ宗教が存在するのか？　突き詰めて考えると、**宗教には、人の抱える悩みや苦しみを解放する力がある**からだと思います。神に祈りを捧げるだけで、心が救われたり、さらには病気が治ったりすることもたくさんあります。

意外かもしれませんが、お金や物だけを信じ、ただ唯物論的に生きている人ほどストレスによって病気になることが多いのです。日本では毎年二万人以上自殺者が出ています。ストレスという怪物に心を奪われてしまうと、自ら命を絶ってしまうこともあります。

ストレスで病気にならない生き方を実践するためには、ストレスに対する抵抗力をつけることが大切です。そのためには、目に見えないものを信じる力が必要だと思います。**目に見えないものとは、愛、信、義、情です。**これらがなくては、人は生きていけません。ストレスを緩和できる有効な手段は、やはり人の愛情が一番です。なぜかといえば、人がもっとも恐怖するものとは孤独だからです。

私は通販会社を経営していますが、スピリチュアル製品など効果が目に見えないものを販売しています。「プラシーボ」「インチキ」「あやしい」と言われることもありますが、「目に見えないものは重要である」と信じて活動しています。でも、あまりやりすぎると、新興宗教のようになってしまいます。だから、私のモットーは「ちょっと笑えるあやしいもの」をご紹介することです。

教祖と信者とスピリチュアル製品

人が行動を起こすための動機は主に三つあります。恐怖、利益、思想です。

恐怖は簡単です。タバコが原因でがんになったと判明したら、十中八九タバコをやめることでしょう。私はお酒が好きですが、肝硬変だと診断されたら、酒はやめると思います。人にとって一番恐ろしいものは死です。

利益もわかりやすいでしょう。寝不足でも、二日酔いでも、朝起きて会社に行くのは給料をもらえるからです。ボランティアでは限界があります。資本主義経済の根本は欲です。だから、お金で解決できるもののくらい後腐れがないものはありません。「タダより高いものはない」という言葉は、その裏側にある思いや怨念が恐ろしいからです。

思想はわかりにくいと思います。思想とは目に見えないものであり、本人にしかわからないものだからです。思想で行動する人はせいぜい数パーセントと推測していいます。もし、世の中にいるほとんどの人が思想で行動したのであれば、人類はとっくに滅んでいたに違いありません。支配者にとって一番恐れるべきことは人が思想で動くことです。織田信長が一向宗をあれだけ弾圧したのは、思想で動くことの危険を察知したからです。利益ではなく思想で動く人が多いと、人を支配することはできません。

ただ、人は生きていく過程では、思想に大きく影響されてしまうのも事実です。一番身近な例では、家族、親類、ご近所、会社での人同士の触れ合いです。しかし、もっと影響を受けるのは国家の思想です。だから人の人生はどの国に生まれたかによって半分以上は決まってしまいます。

多くの人に思想を与える人は、良くも悪くも、ある意味「教祖」となります。その思想に影響を受ける人は「信者」です。これは、どんな趣味でも当てはまるものだと思うのですが、**特にスピリチュアル製品では教祖と信者の関係は根幹の部分になって**

います。 スピリチュアルの世界は目に見えないものだからです。宗教に近いともいえます。目に見えないものなのに、確実に人に影響を与えてしまいます。この世で一番大切なものは目に見えないものではないかと思っています。教祖と信者のような関係が広がるのは、人間社会が高度に発展しているからです。

しかし、教祖が悪意を持って信者をコントロールしようとすると、非常に厄介なことになります。信者は教祖の言うことならば、何だって従ってしまうからです。もしも教祖が自分の好きなものを正しいものとして教えれば、信者は「教祖様が言っていることなのだから間違いない」と思います。

私が今までこの仕事をしてきて、一番悩んだり、戸惑ったりしたことは、実はこの部分だったのです。だから「心の教祖」を演じている人には敢えて近づきませんでした。

スピリチュアル製品を購入するとき一番気をつけなければいけないことは、製品ではなく、作っている人の人間性です。不思議ジャーナリストとしての使命は、製品のすばらしさよりも、人となりを紹介することだと思っているのです。

おわりに

本書はこれまで私がブログやメルマガに書いてきた内容を元に再構成したものです。

私はネットに文章を公開するときには、なるべく当日書いたものを送るようにしています。理由は、きれいな文章よりも心の内側にある情熱を伝えたいからです。書き終えたばかりの状態は、心の中が熱い状態です。「その情熱はネット配信でも伝わるの?」と不思議に思う人がいるかもしれませんが、これが見事に伝わるのです。スピリチュアルを信じていない人は、「インターネットは0と1のデジタル信号を送っているだけだろ。オカルトだね」と言うかもしれませんが、情熱はどんなに遠くにいる外国の人々にも確かに伝わるのです。

人生を成功に導くために一番大切なものは情熱の熱量です。成功する人と成功しない人の差は案外紙一重です。成功しない人が必ずしも努力をしていないわけではありません。成功するかしないかは、熱量の高さで決まります。

熱量が自分の体を動かし、それが人の心に情熱を浸透させていく原動力になります。熱量は時の経過とともに変化していくものです。粘り強く情熱を持って行動し続けることができれば、どんな人でも成功をつかむことができます。「もうダメだ」「無理だ」と思ったときにも、熱量が高ければ、その壁を乗り越えることができます。しかし、熱量もまた、波動やスピリチュアルと同様、目に見えるものではありません。だから、科学的に分析することは難しいと考えています。

経営の神様といわれた松下幸之助氏は「商売は成功するものです。成功してはじめて、本当の商売をしたことになるのです」と言っています。そして「成功するためには、成功するまで続けることである。途中であきらめて、やめてしまえば、それで失敗である」と説明しています。すごいですよね。松下幸之助氏の熱量の高さを垣間見ることができます。

長い間スピリチュアル製品の通販の仕事をしていると、気功家、ヒーラー、占い師などプロの方から相談を受けることがあります。中には、プロであるにもかかわらず心が疲弊している方もいます。そんなとき、私は「熱量が運命を変えるよ。だからあきらめないで」と答えます。目的に向かってまっすぐに進む人とネガティブな思いで引きこもって一生を終えてしまう人の差は、熱量の高さの差にあるのです。

私は、スピリチュアルを心の弱い人の駆け込み寺にしてはいけないと考えています。一時的には逃げ込んでもよいですが、最後は自らの心に火をともし、熱量の高い状態に戻してあげることが重要です。スピリチュアルは、心が弱っている人をさらに堕落させるものではありません。心に栄養を与える、愛のエネルギーです。

スピリチュアルは、本当は諸刃《もろは》の剣です。スピリチュアルに依存し、楽をすることばかり考えている人がたくさんいます。また、それを助長して金儲けばかりをする悪徳業者もたくさんいます。中にはとんでもないインチキ製品もたくさんあるのです。

だから本物か偽物かを見抜いてください。見抜き方は簡単です。「本当に自分のために情熱を持って語ってくれているのか?」。これは感じるしかありません。人は平気で嘘をつきます。しかし、心の中にある魂の熱量は、嘘をついていたら伝わらないのです。

最後に、本書で紹介した実験などは、YouTubeの私のチャンネルで動画として見ることができます。ぜひ「解明される波動の真実」で検索して確認してみてください。本書では文章で詳しくご説明しましたが、動画を見れば、不思議な現象が起きていることは一目瞭然です。

本書に込めた情熱の熱量が読者のみなさんに伝わってゆき、波動やスピリチュアルがもっと理解される日が来ることを願っています。

二〇二〇年三月

広瀬　学

〈著者略歴〉
広瀬 学（ひろせ　まなぶ）
1971年、東京都生まれ。埼玉県育ち。不思議ジャーナリスト。オプティマルライフ株式会社代表取締役。オーディオ専門誌『A&Vヴィレッジ』（コスモヴィレッジ社。2006年休刊）で通信販売記事の制作を担当し、アンテナショップ・エンゼルポケット秋葉原の店長を10年間務める。その間、オーディオ評論家や健康アドバイザー、スピリチュアル専門家など、さまざまな人物と出会い、スピリチュアルの世界に足を踏み入れる。その後、通信販売会社オプティマルライフ株式会社を立ち上げ、現在は健康食品、化粧品、スピリチュアル製品などを取り扱うかたわら、自称「不思議ジャーナリスト」として自身が出会ったさまざまな人物とのエピソードなどをブログに記している。
著書に『ちょっと笑える不思議な世界の裏話』『もう笑えない　不思議な世界の裏話！』（以上、三恵社）がある。

参考：稲田芳弘『ソマチッドと714Xの真実』（Eco・クリエィティブ）

解明される
波動の真実

2020年３月20日　第１版第１刷発行
2020年４月８日　第１版第２刷発行

著　者　広瀬 学

発　行　株式会社ＰＨＰエディターズ・グループ
〒135-0061　東京都江東区豊洲5-6-52
☎03-6204-2931
http://www.peg.co.jp/

印　刷
製　本　シナノ印刷株式会社

© Manabu Hirose 2020 Printed in Japan
ISBN978-4-909417-50-3
※本書の無断複製（コピー・スキャン・デジタル化等）は著作権法で認められた場合を除き、禁じられています。また、本書を代行業者等に依頼してスキャンやデジタル化することは、いかなる場合でも認められておりません。
※落丁・乱丁本の場合は、お取り替えいたします。